Clima sotto controllo

Ethan Caldwell

Codice ISBN: 9798346452485

A chiunque abbia il coraggio di guardare oltre le apparenze, a chi non si accontenta delle risposte facili, e a chi lotta ogni giorno per la verità, la giustizia e la speranza.

Che questo libro possa essere un piccolo passo verso un risveglio collettivo e una visione di un futuro più equo e consapevole.

Capitolo 1 - Enigmi Climatici: Oltre Le Apparenze

Il sistema climatico terrestre, un tempo considerato un meccanismo prevedibile e regolato da leggi naturali stabili, si rivela oggi un enigma sempre più intricato e sfuggente. I fenomeni estremi, come tempeste inaspettate, ondate di calore senza precedenti (come quella del 2023 in Europa) e fluttuazioni improvvise delle temperature globali, sollevano interrogativi che spesso rimangono irrisolti o trattati in modo superficiale dalle istituzioni ufficiali. Questi eventi, lungi dall'essere semplicemente interpretati come manifestazioni della naturale variabilità climatica, suggeriscono il possibile intervento di fattori esterni, come attività di geoingegneria, manipolazioni della ionosfera, o utilizzo di tecnologie per il controllo climatico, non necessariamente naturali. La questione centrale che emerge è quindi la seguente: chi, o che cosa, sta realmente influenzando il clima globale? Le contraddizioni nelle spiegazioni ufficiali e la natura parziale delle risposte sollevano il sospetto che vi siano dinamiche sottostanti che sfuggono alla percezione pubblica e che meritano un'analisi più approfondita e critica.

Le manifestazioni atmosferiche più devastanti degli ultimi anni sembrano seguire uno schema ricorrente, colpendo aree di particolare rilevanza strategica, come regioni ricche di risorse naturali o aree densamente popolate con infrastrutture cruciali, generando ripercussioni economiche e sociali di vasta portata. Ad esempio, l'uragano Maria del 2017 ha colpito Porto Rico, causando ingenti danni infrastrutturali e sollevando questioni sull'efficacia delle risposte governative, mentre alcuni hanno ipotizzato che l'impatto sia stato intenzionalmente amplificato per ottenere un controllo politico ed economico sull'isola. Di fronte a queste anomalie, emergono dubbi significativi sulla reale natura di tali eventi climatici. Quanto di ciò che stiamo osservando è il risultato di processi naturali e quanto, invece, potrebbe essere frutto di interventi tecnologici deliberati? Alcune teorie avanzano l'ipotesi che tecnologie avanzate di manipolazione climatica, come la geoingegneria e l'alterazione della ionosfera, siano utilizzate come strumenti di controllo politico ed economico. La geoingegneria, ad esempio, include tecniche come la gestione delle radiazioni solari e la semina delle nuvole, con l'obiettivo di modificare il clima su vasta scala. Si parla di esperimenti condotti al di fuori della supervisione pubblica, finalizzati a influenzare deliberatamente le dinamiche atmosferiche per raggiungere scopi specifici.

Secondo alcune ipotesi, dietro queste tecnologie potrebbero esserci gruppi di interesse che operano per influenzare l'uso di tali tecnologie. Alcuni documenti declassificati e indagini indipendenti suggeriscono che queste tecnologie possano essere utilizzate per ottenere vantaggi strategici, ma le prove disponibili sono limitate e richiedono ulteriori approfondimenti. Apparati militari, organizzazioni segrete e grandi corporazioni transnazionali sarebbero potenzialmente coinvolti in una vasta cospirazione finalizzata a sfruttare il clima come arma per destabilizzare intere nazioni e ottenere il controllo su risorse naturali fondamentali o manipolare i mercati finanziari globali. Questo scenario alimenta il dubbio che la percezione comune del clima e della natura sia artificiosamente costruita attraverso una narrativa manipolata, funzionale a interessi specifici e obiettivi di potere. Tale prospettiva porta a interrogarsi se la nostra comprensione del sistema climatico non sia fortemente distorta per evitare che il pubblico percepisca l'ampiezza delle dinamiche di manipolazione in atto.

Le spiegazioni ufficiali fornite dai governi e dagli istituti scientifici spesso non riescono a rispondere in maniera esaustiva alle numerose domande che sorgono di fronte a questi fenomeni anomali. Ad esempio, nel 2022, l'ondata di calore in Canada è stata ufficialmente attribuita a condizioni meteorologiche eccezionali; tuttavia, molti esperti indipendenti hanno sostenuto che le cause fossero più complesse di quelle indicate dalle istituzioni, lasciando spazio a una pluralità di interpretazioni. Ad esempio, nel 2022, l'ondata di calore in Canada è stata ufficialmente attribuita a condizioni meteorologiche eccezionali; tuttavia, molti esperti indipendenti hanno sostenuto che le cause fossero più complesse di quelle indicate dalle istituzioni, lasciando spazio a una pluralità di interpretazioni. Tali spiegazioni, anziché fornire un chiarimento autentico, sembrano talvolta essere orientate a tranquillizzare l'opinione pubblica, evitando l'insorgere di domande scomode e mantenendo il controllo della narrazione. La percezione diffusa è che le informazioni divulgate siano incomplete o, in alcuni casi, volutamente distorte per evitare possibili reazioni di panico o dissenso, creando un vuoto che viene prontamente riempito da teorie alternative e investigazioni indipendenti.

L'esplorazione delle cosiddette verità non ufficiali implica la disponibilità a confrontarsi con prospettive inesplorate, a scoprire connessioni inaspettate e a sviluppare un'analisi critica che metta in discussione le concezioni dominanti. È necessario considerare le molteplici voci che emergono da contesti non convenzionali, come ricercatori indipendenti e attivisti, i quali sfidano le narrative ufficiali proponendo interpretazioni alternative. Il fenomeno climatico, come ogni altra questione di interesse globale, è soggetto a una pluralità di interpretazioni, e le dinamiche che lo regolano risultano inevitabilmente influenzate da una varietà di fattori interconnessi, tra cui elementi antropici, tecnologici e politici. Questa interconnessione solleva interrogativi sul grado di autonomia della scienza nel rispondere agli interrogativi climatici e sulle potenziali interferenze da parte di interessi economici e politici.

Alcuni ricercatori, come riportato in studi non ufficiali e documentazioni indipendenti, suggeriscono l'esistenza di un'infrastruttura clandestina dedicata alla manipolazione del clima. Secondo queste teorie, progetti come HAARP (High-Frequency Active Auroral Research Program) e altre installazioni collocate in aree remote del pianeta sarebbero implicati in operazioni di geoingegneria non dichiarate. Queste strutture, secondo le ipotesi, avrebbero la capacità di alterare il clima attraverso la manipolazione della ionosfera o l'emissione di onde elettromagnetiche ad alta frequenza. Sebbene le prove concrete siano difficili da reperire e la natura di tali affermazioni rimanga speculativa, la sola possibilità che il clima possa essere manipolato intenzionalmente da entità di potere alimenta un senso diffuso di vulnerabilità collettiva e sospetto, inducendo molte persone a cercare spiegazioni alternative alle versioni ufficiali.

Il ruolo del media nella rappresentazione delle informazioni sul cambiamento climatico costituisce un altro aspetto cruciale che non può essere sottovalutato. I media mainstream sono spesso accusati di essere strumenti di propaganda al servizio degli interessi di chi detiene il potere, con l'obiettivo di modellare l'opinione pubblica in modo conforme alle necessità delle élite. La selezione delle informazioni da divulgare, così come l'omissione di prospettive critiche, contribuisce a creare uno squilibrio narrativo che favorisce la conformità e scoraggia il pensiero critico. Un esempio significativo è rappresentato dalla copertura mediatica dell'uragano Katrina nel 2005: molte delle informazioni riguardanti la risposta inadeguata delle autorità federali e le implicazioni socioeconomiche furono minimizzate o omesse dai media principali, generando una percezione parziale della realtà e scoraggiando una riflessione critica più ampia. Al contrario, le piattaforme di informazione alternativa, sebbene meno regolamentate e talvolta più suscettibili alla diffusione di informazioni non verificate, offrono uno spazio per il dibattito su teorie che sfidano il paradigma dominante, promuovendo un dialogo più aperto e, in molti casi, controverso.

I media svolgono un ruolo determinante non solo nella costruzione della narrativa dominante, ma anche nel plasmare il modo in cui il pubblico percepisce il fenomeno del cambiamento climatico. Enfatizzando esclusivamente la prospettiva del consenso scientifico e ridicolizzando o ignorando le voci dissenzienti, i media tendono a rafforzare una visione unidimensionale della problematica, che impedisce l'emergere di un dibattito più articolato e limita la comprensione delle molteplici variabili in gioco. Numerosi ricercatori indipendenti e teorici propongono punti di vista alternativi, sfidando le relazioni di causa ed effetto comunemente accettate e sollevando interrogativi critici su ciò che realmente accade dietro le quinte. Tali prospettive alternative, sebbene spesso considerate marginali, sono fondamentali per promuovere un'analisi più equilibrata e una comprensione più approfondita delle questioni climatiche.

Le narrazioni alternative coprono una vasta gamma di ipotesi. Alcune riguardano l'influenza di attività di geoingegneria su larga scala, come la gestione delle radiazioni solari o la semina delle nuvole. Altre ipotesi suggeriscono l'uso di tecnologie segrete per manipolare gli eventi atmosferici, spesso per avvantaggiare specifiche agende politiche ed economiche. Secondo queste teorie, il cambiamento climatico non è semplicemente una questione di emissioni di gas serra o di inquinamento industriale, ma un fenomeno molto più complesso, in cui si intrecciano interessi finanziari, controllo delle risorse e strategie geopolitiche. L'ipotesi dell'uso intenzionale del clima come strumento di pressione diplomatica o come arma per destabilizzare intere nazioni apre scenari che richiedono una profonda riconsiderazione del modo in cui il potere viene esercitato a livello globale e delle potenziali implicazioni per la sovranità nazionale e la sicurezza internazionale.

Progetti di geoingegneria, come la gestione delle radiazioni solari e la semina delle nuvole, vengono spesso presentati come soluzioni innovative ai problemi del riscaldamento globale. Ad esempio, il progetto SPICE (Stratospheric Particle Injection for Climate Engineering), attualmente in fase di studio nel Regno Unito, mira a iniettare particelle nella stratosfera per riflettere una parte della radiazione solare, riducendo così il riscaldamento globale. Tuttavia, raramente vengono discussi apertamente i rischi e le possibili conseguenze indesiderate, come gli effetti sulla biodiversità, il potenziale cambiamento nei modelli di precipitazione e le implicazioni geopolitiche derivanti dall'uso di tali tecnologie. L'intervento sul clima potrebbe infatti comportare conseguenze non intenzionali su scala regionale o globale, causando danni a ecosistemi fragili o alterando la disponibilità di risorse idriche in diverse aree del pianeta. Inoltre, vi è la questione della governance: chi dovrebbe avere l'autorità di decidere se e come implementare queste tecnologie su vasta scala? L'assenza di un quadro normativo globale e la mancanza di trasparenza sulle sperimentazioni in corso contribuiscono a creare un clima di diffidenza e preoccupazione, alimentando timori riguardo a un possibile utilizzo improprio della geoingegneria per fini politici o economici. Questo dibattito resta quindi uno dei più controversi nel contesto delle strategie di mitigazione del cambiamento climatico e solleva questioni etiche di grande rilevanza, che necessitano di un confronto pubblico e di una regolamentazione internazionale chiara ed equa.

Capitolo 2 - Chi Controlla il Clima?

L'idea che il clima possa essere manipolato ha ormai superato il confine della fantascienza per entrare nell'ambito del dibattito scientifico e geopolitico contemporaneo. Negli ultimi decenni, sono emerse teorie supportate da prove empiriche e studi preliminari. Le ricerche condotte sul programma HAARP e sulla semina delle nuvole in Cina suggeriscono che alcune tecnologie potrebbero essere utilizzate per controllare le condizioni atmosferiche. Tecniche come la modificazione delle nuvole per stimolare le precipitazioni o progetti più complessi, come quelli associati al programma HAARP (High-Frequency Active Auroral Research Program), evidenziano come la manipolazione climatica sia una realtà che non può essere ignorata. La domanda fondamentale è: chi sono i veri attori dietro queste tecnologie e quali sono i loro scopi?

Organizzazioni governative, grandi corporazioni e apparati militari vengono spesso identificati come i principali promotori e sviluppatori di queste tecnologie. Ad esempio, il programma HAARP, sviluppato inizialmente dall'aeronautica e dalla marina degli Stati Uniti, è spesso citato come un possibile esempio di tecnologia utilizzata per manipolare il clima. Queste entità, dotate di risorse quasi illimitate e di accesso a tecnologie che spesso superano di gran lunga ciò che è pubblicamente noto, potrebbero utilizzare la manipolazione climatica come un potente strumento geopolitico. Alterare il clima di una determinata regione potrebbe provocare siccità, inondazioni o altre catastrofi. Questi eventi destabilizzano le economie locali e compromettono la sicurezza alimentare e idrica. Inoltre, minano la capacità di resilienza delle popolazioni colpite. Tale capacità di intervento potrebbe rappresentare una nuova forma di potere, capace di influenzare gli equilibri politici ed economici a livello globale.

Il potere di manipolare il clima apre scenari che vanno ben oltre il controllo di eventi naturali: è una capacità che può essere impiegata per rimodellare le dinamiche di interi paesi e regioni, spostando gli equilibri politici in modo silenzioso ma incisivo. Una siccità prolungata o un'inondazione devastante non colpiscono solo l'ambiente, ma mettono in ginocchio le economie e generano instabilità sociale, creando condizioni favorevoli per l'imposizione di nuove forme di dipendenza e controllo. In questo contesto, la manipolazione climatica potrebbe diventare uno strumento di pressione geopolitica ben più efficace di qualsiasi sanzione economica o intervento militare convenzionale.

Un altro elemento rilevante in questa discussione riguarda il ruolo delle organizzazioni transnazionali che operano nell'ambito della geoingegneria, come la Solar Radiation Management Governance Initiative (SRMGI), che cerca di influenzare le politiche globali sulla gestione del clima. Spesso queste entità agiscono dietro un velo di segretezza, coperte da accordi internazionali e con una visibilità pubblica estremamente limitata. Questi attori potrebbero perseguire finalità legate al controllo delle risorse naturali fondamentali, come l'acqua e l'agricoltura, che diventano vulnerabili alle alterazioni climatiche. Ad esempio, durante la siccità in California tra il 2011 e il 2017, sono emerse accuse riguardo l'uso di tecnologie di controllo climatico per influenzare la disponibilità d'acqua, danneggiando piccoli agricoltori a vantaggio di grandi compagnie agricole. Inoltre, in India, ci sono state preoccupazioni riguardo la manipolazione delle precipitazioni, che avrebbe avuto un impatto negativo sui raccolti locali, accentuando la dipendenza delle comunità rurali dai grandi produttori agricoli. Attraverso il controllo di fenomeni come le precipitazioni, le temperature stagionali e i cicli agricoli, è possibile condizionare l'accesso alle risorse essenziali, con implicazioni dirette sulla sopravvivenza delle popolazioni e sulla stabilità economica. In molti casi, la dipendenza dalle risorse può diventare un potente strumento per esercitare un controllo sulle politiche interne di uno Stato, obbligando i governi locali a conformarsi alle volontà di chi detiene le chiavi del controllo climatico.

Le implicazioni economiche della manipolazione climatica sono altrettanto profonde. Ad esempio, nel 2021, le pratiche di manipolazione climatica in Cina per influenzare le precipitazioni hanno sollevato preoccupazioni riguardo all'impatto sulle economie agricole dei paesi limitrofi, dimostrando come il controllo del clima possa avere ripercussioni economiche su scala regionale. Il controllo delle precipitazioni potrebbe avere impatti devastanti sull'agricoltura, alterando le capacità produttive delle nazioni e quindi le loro economie. In regioni dipendenti dall'agricoltura di sussistenza, questo tipo di intervento potrebbe condannare intere popolazioni alla povertà e alla carestia. Anche la capacità di indurre fenomeni come la grandine o la siccità può trasformarsi in un'arma economica, in grado di distruggere interi raccolti e di destabilizzare il settore agroalimentare. In questo scenario, il controllo climatico diventa un mezzo per influenzare i mercati globali, garantendo vantaggi economici a chi detiene il potere di manipolare le condizioni atmosferiche.

Le implicazioni geopolitiche e militari della manipolazione climatica non possono essere sottovalutate. Un ulteriore obiettivo di queste tecnologie potrebbe essere la sperimentazione di nuove capacità militari. L'idea di utilizzare il clima come arma di guerra non è nuova e, infatti, è stata menzionata in vari documenti governativi, anche declassificati. La capacità di generare disastri naturali, come uragani, inondazioni o periodi di siccità estrema, fornirebbe un vantaggio strategico senza precedenti. Questa possibilità è stata menzionata in vari documenti governativi declassificati, come il documento 'Weather as a Force Multiplier: Owning the Weather in 2025' dell'US Air Force, che discute le potenziali applicazioni militari delle tecnologie di manipolazione climatica. Questo tipo di guerra non convenzionale consentirebbe di attaccare indirettamente un nemico, senza dover dichiarare guerra apertamente, evitando così responsabilità e conseguenze diplomatiche. La possibilità di alterare il clima a fini bellici rappresenta, dunque, una frontiera pericolosa, in cui la distinzione tra guerra e pace diventa estremamente sfumata. Inoltre, la possibilità di utilizzare la manipolazione climatica in combinazione con altre forme di guerra asimmetrica e cyberwarfare rende ancora più insidiosa la prospettiva di un conflitto futuro, dove i confini tra attacco e difesa diventano sempre più indistinguibili.

Il ruolo della segretezza e della mancanza di trasparenza nello sviluppo e nella sperimentazione di queste tecnologie è un ulteriore elemento di preoccupazione. Ad esempio, il programma HAARP è stato oggetto di critiche per la mancanza di informazioni pubbliche sul suo reale scopo e sulle modalità di sperimentazione, sollevando dubbi sulla sua reale finalità. Inoltre, il progetto di semina delle nuvole in Cina è stato spesso portato avanti senza un'adeguata consultazione delle comunità locali, alimentando sospetti sulla natura e sugli effetti di queste operazioni. La segretezza che avvolge lo sviluppo e la sperimentazione di queste tecnologie solleva interrogativi profondi sulle implicazioni etiche e politiche di tali pratiche. La mancanza di trasparenza e di supervisione da parte della comunità internazionale o dei cittadini alimenta il sospetto che si stia giocando con forze capaci di alterare radicalmente gli equilibri ecologici e sociali del pianeta. Le implicazioni ambientali della manipolazione climatica sono potenzialmente catastrofiche. Un errore di calcolo, una valutazione errata o una decisione presa senza considerare le conseguenze di lungo termine potrebbe generare impatti devastanti e irreversibili su scala globale. In un contesto in cui il cambiamento climatico è già una delle principali minacce per la sicurezza e la stabilità mondiali, l'aggiunta di una dimensione di manipolazione deliberata rende ancora più urgente la necessità di regolamentare e monitorare tali tecnologie.

In questo contesto, è necessario anche considerare le sfide che tali tecnologie pongono sul piano etico. La manipolazione del clima solleva questioni cruciali riguardanti la legittimità di questi interventi e le loro conseguenze a lungo termine. Chi dovrebbe avere il diritto di decidere quali regioni debbano essere beneficiate o danneggiate da interventi climatici? Quali garanzie esistono per evitare che tali tecnologie siano utilizzate per scopi egoistici o per consolidare posizioni di potere? L'assenza di un quadro regolamentare chiaro e condiviso rende queste questioni ancora più urgenti, aprendo scenari di potenziale abuso e di sfruttamento delle risorse naturali a danno dei più vulnerabili. Il dibattito etico su chi debba avere il controllo su queste tecnologie si estende anche al rischio di monopolizzazione da parte di pochi Stati o entità private, il che potrebbe creare disparità insormontabili tra le nazioni e perpetuare forme di neocolonialismo tecnologico.

L'assenza di un quadro giuridico internazionale che regoli l'uso delle tecnologie di manipolazione climatica rappresenta una delle lacune più preoccupanti. La regolamentazione del controllo climatico dovrebbe essere una priorità per evitare che queste tecnologie vengano utilizzate senza alcuna forma di supervisione e senza considerare le implicazioni etiche e ambientali a lungo termine. Senza una governance globale che stabilisca limiti chiari e garantisca la trasparenza, il rischio è che le tecnologie climatiche vengano impiegate esclusivamente a beneficio di pochi, ignorando le necessità e i diritti delle comunità più vulnerabili.

In definitiva, la questione del controllo climatico è ben più complessa di quanto possa apparire a prima vista. Non si tratta solo di tecnologie avanzate o di scenari futuristici, ma di una realtà che, se non adeguatamente compresa e regolata, potrebbe alterare profondamente il corso della storia umana. Le implicazioni di tali tecnologie spaziano dall'etica alla politica, dall'ambiente alla sicurezza internazionale. Capire chi sono gli attori coinvolti e quali siano i loro obiettivi è fondamentale per affrontare le sfide che la manipolazione climatica pone, non solo per il presente, ma anche per il futuro dell'intera umanità.

Un'analisi più approfondita del controllo climatico rivela anche il potenziale impatto psicologico sulla popolazione globale. La percezione che eventi naturali possano essere manipolati intenzionalmente genera un senso di insicurezza e vulnerabilità che può essere sfruttato per giustificare politiche autoritarie e per consolidare il potere. La paura di disastri indotti artificialmente potrebbe essere utilizzata per aumentare il controllo sui cittadini, giustificando misure straordinarie in nome della sicurezza pubblica. Questo tipo di manipolazione psicologica non è meno pericoloso degli impatti fisici della manipolazione climatica, poiché mira a controllare non solo l'ambiente, ma anche la percezione e la reazione collettiva delle persone.

Inoltre, l'integrazione di queste tecnologie con l'ecosistema digitale contemporaneo introduce nuove sfide legate alla raccolta e all'uso dei dati. Sensori avanzati, droni e satelliti possono raccogliere dati in tempo reale per monitorare gli effetti della manipolazione climatica, ma allo stesso tempo possono essere utilizzati per sorvegliare le popolazioni e raccogliere informazioni sensibili. Questa interconnessione tra tecnologie di manipolazione climatica e sistemi di sorveglianza digitale solleva ulteriori interrogativi su privacy, diritti civili e potenziali abusi di potere.

La questione del controllo climatico, dunque, non riguarda solo la manipolazione di fenomeni atmosferici, ma coinvolge una serie di dimensioni interconnesse che spaziano dall'ambito geopolitico a quello economico, dalla sicurezza alla sfera dei diritti umani. Comprendere appieno la portata di queste tecnologie e delle loro implicazioni richiede uno sforzo collettivo per promuovere la trasparenza, la responsabilità e l'etica nell'uso delle tecnologie emergenti. Solo attraverso un dialogo globale e una regolamentazione condivisa si potrà evitare che il controllo del clima diventi un'ulteriore fonte di disuguaglianze e conflitti, piuttosto che uno strumento per il miglioramento del benessere dell'umanità.

Le questioni legate alla manipolazione climatica non riguardano solo il controllo di fenomeni meteorologici, ma hanno anche profonde implicazioni per il rapporto tra tecnologia e società. L'utilizzo di tecnologie avanzate per influenzare il clima comporta una serie di sfide morali e legali che devono essere affrontate a livello globale. Le tecnologie di geoingegneria potrebbero teoricamente essere utilizzate per contrastare il cambiamento climatico, ma senza una regolamentazione chiara rischiano di creare più problemi di quanti ne risolvano. È fondamentale chiedersi chi decide come, quando e dove utilizzare queste tecnologie, e quali interessi vengano serviti da tali decisioni.

Inoltre, il crescente interesse per la manipolazione climatica solleva questioni di equità globale. Gli impatti dei cambiamenti climatici sono distribuiti in modo ineguale, con le comunità più vulnerabili spesso colpite in misura maggiore. Se le tecnologie di controllo climatico vengono utilizzate senza considerare questo squilibrio, c'è il rischio di aggravare le disuguaglianze esistenti. Un uso irresponsabile della manipolazione climatica potrebbe portare a un mondo in cui le nazioni e le comunità più potenti riescono a mitigare i propri problemi climatici a scapito delle popolazioni più deboli, accentuando le ingiustizie già esistenti.

Infine, il potenziale utilizzo della manipolazione climatica per scopi economici e politici apre scenari preoccupanti. La possibilità di controllare il clima potrebbe essere vista come un'opportunità per ottenere vantaggi competitivi nei mercati internazionali o per influenzare le dinamiche politiche di altre nazioni. Questo tipo di manipolazione non solo minaccia la sovranità nazionale, ma potrebbe anche destabilizzare interi continenti. Pertanto, la comunità internazionale deve lavorare insieme per creare norme e regolamenti che garantiscano che la manipolazione climatica sia utilizzata esclusivamente per il bene comune e non per perseguire interessi egoistici.

La manipolazione climatica rappresenta una delle più grandi sfide etiche e politiche del nostro tempo. Il potenziale di queste tecnologie di alterare profondamente il pianeta richiede una riflessione collettiva e una risposta coordinata da parte della comunità internazionale. Solo attraverso la cooperazione globale e la trasparenza si potrà garantire che il controllo climatico venga utilizzato in modo responsabile, evitando che diventi uno strumento di oppressione e disuguaglianza. La sfida è grande, ma le conseguenze dell'inazione potrebbero essere ancora più gravi. Dobbiamo affrontare questa questione con coraggio e determinazione, cercando di costruire un futuro in cui la tecnologia sia al servizio dell'umanità e non del dominio di pochi.

Capitolo 3 - Scie nel Cielo: Verità sulle Scie Chimiche

Uno degli argomenti più controversi legati alla manipolazione climatica riguarda le cosiddette scie chimiche, o "chemtrails", che molti ritengono rappresentino una delle prove più evidenti di operazioni di geoingegneria clandestina su vasta scala. La teoria delle scie chimiche, sostenuta da alcuni gruppi di attivisti e ricercatori indipendenti, afferma che alcune delle scie lasciate dagli aerei non siano semplici scie di condensazione (vapore acqueo che si forma e si dissipa rapidamente), ma piuttosto sostanze chimiche rilasciate deliberatamente nell'atmosfera per scopi non dichiarati. Questi scopi includerebbero la modifica climatica, la diffusione di agenti chimici per il controllo della popolazione, o la sperimentazione ambientale su larga scala. Tali ipotesi si situano al crocevia tra la scienza, la geopolitica e la percezione del potere tecnologico.

A differenza delle normali scie di condensazione, costituite principalmente da vapore acqueo e che tendono a dissiparsi rapidamente, le scie chimiche vengono descritte come persistenti, in grado di rimanere visibili per ore, espandendosi e formando una copertura nebulosa estesa. Questa apparente anomalia ha portato molti osservatori a interrogarsi sulla vera natura di tali scie e sugli eventuali obiettivi dietro queste emissioni. Testimonianze raccolte da osservatori in tutto il mondo, insieme a presunte analisi di laboratorio su campioni di aria e acqua, indicherebbero la presenza di metalli pesanti come alluminio, bario e stronzio. Ad esempio, alcuni laboratori indipendenti negli Stati Uniti e in Europa hanno riportato rilevamenti di questi metalli in concentrazioni superiori alla norma, anche se tali risultati non sono stati confermati da studi scientifici peer-reviewed.

Queste analisi includono studi condotti da laboratori indipendenti, che avrebbero rilevato la presenza di tali elementi in concentrazioni superiori alla norma, anche se mancano pubblicazioni scientifiche peer-reviewed che confermino questi risultati. Questi elementi, secondo i sostenitori della teoria, sarebbero incompatibili con ciò che ci si aspetterebbe dal semplice vapore acqueo, suggerendo così la presenza di un'intenzione deliberata dietro il fenomeno.

La questione centrale riguarda quindi la responsabilità di tali operazioni e i potenziali obiettivi di chi le promuoverebbe. Alcune teorie attribuiscono queste attività a governi e forze armate, sostenendo che le scie chimiche potrebbero essere parte di un programma globale di geoingegneria volto a contrastare il riscaldamento globale mediante la riflessione della luce solare. Questo approccio, noto come gestione della radiazione solare, è stato effettivamente discusso in diversi contesti scientifici, anche se non in relazione a scie chimiche visibili. Altri suggeriscono che tali interventi potrebbero essere legati a programmi di sorveglianza atmosferica o addirittura a esperimenti di manipolazione psicologica delle popolazioni. Le organizzazioni internazionali, come l'Organizzazione Meteorologica Mondiale (WMO), e aziende private come SilverLining e Weather Modification Inc., sono spesso indicate come attori chiave in progetti di ricerca sulla modificazione climatica, agendo al di fuori del controllo pubblico e senza alcuna trasparenza. Ad esempio, l'Organizzazione Meteorologica Mondiale (WMO) e aziende come SilverLining sono citate frequentemente per il loro ruolo in iniziative di geoingegneria.

La comunità scientifica ufficiale respinge categoricamente queste affermazioni, attribuendo la persistenza delle scie nel cielo a specifiche condizioni atmosferiche, come l'umidità e la temperatura. Studi scientifici, come quelli pubblicati dalla NASA e dal NOAA, spiegano che la persistenza delle scie è dovuta alla condensazione del vapore acqueo in particelle di ghiaccio in presenza di condizioni favorevoli, come elevata umidità a quote elevate. Secondo la spiegazione convenzionale, le scie persistenti sono semplicemente il risultato della condensazione del vapore acqueo prodotto dagli scarichi degli aerei ad alta quota, combinato con particelle di ghiaccio che, in presenza di elevata umidità, tendono a rimanere visibili per periodi prolungati. Tuttavia, per molti sostenitori della teoria delle scie chimiche, queste spiegazioni appaiono insufficienti, se non addirittura disoneste, e incapaci di rispondere a tutte le osservazioni riportate sul campo. La convinzione che ci sia un insabbiamento su vasta scala è alimentata dalla difficoltà di ottenere risposte chiare da parte delle istituzioni e dalla mancanza di accesso a dati indipendenti e verificabili.

La questione delle scie chimiche solleva inoltre interrogativi fondamentali sul rapporto tra potere, segretezza e consenso pubblico. Se fosse vero che tali operazioni vengono condotte senza il consenso delle popolazioni, ciò costituirebbe una violazione grave dei diritti umani e rappresenterebbe un utilizzo irresponsabile della tecnologia. In un contesto globale in cui la trasparenza dovrebbe essere il fondamento delle decisioni politiche, la sola possibilità che i cieli siano utilizzati come laboratorio per esperimenti non dichiarati solleva preoccupazioni etiche significative. La nozione che i cittadini siano tenuti all'oscuro di attività potenzialmente pericolose alimenta un clima di sfiducia nelle istituzioni e solleva la necessità di ripensare il rapporto tra tecnologia avanzata e responsabilità democratica.

Il fenomeno delle scie chimiche ha anche assunto una dimensione sociale e culturale significativa. Esso ha dato origine a un movimento globale di attivisti, documentaristi e ricercatori indipendenti che cercano di portare alla luce quella che percepiscono come la verità dietro queste operazioni. Attraverso campagne di sensibilizzazione, proteste pubbliche e l'uso dei social media, questi gruppi hanno sollevato domande scomode e hanno messo pressione sui governi affinché forniscano spiegazioni più dettagliate e trasparenti. Tuttavia, le risposte ufficiali continuano a essere percepite come evasive e insufficienti, contribuendo ulteriormente alla crescita della sfiducia verso le istituzioni e all'aumento delle teorie alternative. L'impatto psicologico e sociopolitico di questo fenomeno è notevole, poiché alimenta il sentimento di alienazione e il sospetto che esistano forze occulte che manipolano la realtà per i propri fini.

Il dibattito sulle scie chimiche non può essere ridotto a una mera contrapposizione tra scienza ufficiale e teorie del complotto, poiché tocca nodi critici riguardanti la trasparenza e la partecipazione democratica alle decisioni che influiscono sull'ambiente e sulla salute pubblica. La difficoltà di ottenere informazioni chiare e affidabili su questioni che potenzialmente riguardano la sicurezza collettiva e l'integrità ambientale solleva interrogativi importanti sul livello di controllo che i cittadini hanno realmente sulle decisioni che influenzano le loro vite. Il fenomeno delle scie chimiche diventa così un simbolo delle tensioni tra conoscenza e potere, tra l'autorità delle istituzioni e la crescente domanda di trasparenza da parte della società civile.

L'impatto psicologico delle scie chimiche sulla popolazione è altrettanto rilevante. L'idea che le scie nel cielo possano essere il risultato di operazioni segrete al di fuori del controllo pubblico crea un senso di impotenza e alienazione. La percezione che i cittadini non abbiano alcun controllo su tali attività, e che decisioni cruciali vengano prese senza il loro coinvolgimento, contribuisce a un sentimento di sfiducia verso le istituzioni. Questo senso di impotenza alimenta movimenti di protesta e spinge le persone a cercare risposte al di fuori dei canali ufficiali, contribuendo alla diffusione di teorie cospirative e alla polarizzazione del dibattito pubblico. La percezione che i governi o altre entità potenti possano operare in totale segretezza, senza alcuna responsabilità verso i cittadini, contribuisce a erodere la fiducia nelle istituzioni e a promuovere un clima di sospetto generalizzato. Questo senso di sfiducia può a sua volta alimentare movimenti di protesta e incentivare la diffusione di altre teorie cospirative, contribuendo a una polarizzazione sempre maggiore della società. L'incapacità delle istituzioni di fornire spiegazioni esaustive e trasparenti su fenomeni che riguardano direttamente l'ambiente e la salute pubblica alimenta un circolo vizioso di incomprensione e risentimento.

La questione delle scie chimiche va quindi oltre la mera osservazione delle scie stesse. Essa rappresenta un punto di incontro tra temi di natura scientifica, tecnologica, politica ed etica. La mancanza di informazioni certe e la sensazione che ci siano aspetti della tecnologia moderna che sfuggono alla comprensione e al controllo dei cittadini sollevano questioni cruciali sul rapporto tra sapere e potere. Le persone hanno diritto a essere informate su ciò che accade nel loro ambiente, specialmente quando si tratta di attività che potrebbero avere conseguenze sulla salute e sull'equilibrio ecologico. Questa necessità di trasparenza si scontra, tuttavia, con un mondo in cui la ricerca tecnologica è spesso condotta a porte chiuse, sotto l'egida di governi o di corporazioni che operano secondo logiche di profitto e sicurezza nazionale, spesso in contrasto con gli interessi delle popolazioni.

Un altro aspetto cruciale della questione delle scie chimiche è l'implicazione di attori privati nella ricerca e nello sviluppo delle tecnologie di modificazione climatica. Ad esempio, aziende come Weather Modification Inc. sono coinvolte in progetti di inseminazione delle nuvole e altre tecniche di controllo climatico, sollevando interrogativi su trasparenza e responsabilità. Ad esempio, aziende come Weather Modification Inc. sono coinvolte in progetti di inseminazione delle nuvole e altre tecniche di controllo climatico, sollevando interrogativi su trasparenza e responsabilità. Le grandi corporazioni, dotate di enormi risorse economiche e capacità tecnologiche avanzate, possono condurre esperimenti di geoingegneria senza alcuna supervisione pubblica. Questo solleva preoccupazioni etiche riguardanti la concentrazione del potere nelle mani di pochi, nonché il potenziale uso di tali tecnologie a fini commerciali o militari. Se le tecnologie di manipolazione climatica diventassero una risorsa strategica, il rischio è che vengano utilizzate per ottenere vantaggi geopolitici o economici, a scapito della sicurezza ambientale e dei diritti delle popolazioni. L'assenza di un quadro normativo chiaro e condiviso a livello internazionale aumenta il rischio di abusi e rende urgente l'adozione di misure di regolamentazione che garantiscano la trasparenza e la responsabilità nell'uso di tali tecnologie.

Il fenomeno delle scie chimiche è dunque emblematico delle sfide poste dalla tecnologia moderna alla società contemporanea. Esso evidenzia le tensioni tra la necessità di innovazione e sviluppo tecnologico e il bisogno di trasparenza, partecipazione e controllo democratico. In un'epoca in cui le tecnologie avanzate stanno trasformando profondamente il nostro rapporto con l'ambiente, è fondamentale garantire che queste trasformazioni avvengano nel rispetto dei diritti umani e della sostenibilità ambientale. La domanda che resta aperta non è solo se le scie chimiche esistano davvero o meno, ma quale tipo di società vogliamo costruire di fronte alle possibilità offerte dalla tecnologia: una società in cui il potere è concentrato nelle mani di pochi, o una in cui la conoscenza e la tecnologia siano strumenti per il benessere collettivo?

È evidente che il dibattito sulle scie chimiche richiede un livello di analisi più approfondito, che tenga conto delle diverse sfaccettature scientifiche, politiche, economiche e sociali del fenomeno. La necessità di una discussione aperta e informata è fondamentale per garantire che le tecnologie di geoingegneria, qualora esistano e siano operative, vengano utilizzate nel rispetto dei principi di giustizia, equità e sostenibilità. Solo attraverso un dialogo trasparente e la partecipazione attiva della società civile sarà possibile affrontare in modo responsabile le sfide poste dalle tecnologie emergenti, garantendo che esse contribuiscano davvero al benessere dell'umanità e non alla perpetuazione di disuguaglianze e ingiustizie.

L'analisi del fenomeno delle scie chimiche solleva ulteriori considerazioni sulla natura delle relazioni internazionali e sugli equilibri di potere. Le implicazioni geopolitiche delle presunte operazioni di rilascio di sostanze chimiche nei cieli non possono essere ignorate, poiché le strategie di manipolazione climatica potrebbero essere utilizzate come strumenti di dominio internazionale. Se tali tecnologie fossero impiegate da una potenza globale o da una coalizione di Stati, si creerebbe uno squilibrio di potere capace di influenzare le politiche economiche e ambientali a livello mondiale. La possibilità di utilizzare il clima come arma strategica solleva interrogativi preoccupanti su come il controllo climatico possa essere sfruttato per fini geopolitici, in un contesto già caratterizzato da crescenti tensioni internazionali.

Un altro aspetto che merita attenzione riguarda il potenziale impatto ambientale delle scie chimiche. L'introduzione di metalli pesanti e altre sostanze chimiche nell'atmosfera potrebbe avere conseguenze a lungo termine sulla qualità dell'aria, sul suolo e sulle risorse idriche. Gli effetti cumulativi di tali interventi potrebbero alterare gli ecosistemi naturali, compromettendo la biodiversità e influenzando negativamente la salute umana. Gli studi condotti fino a oggi non sono stati in grado di fornire risposte definitive su questi aspetti, principalmente a causa della mancanza di dati trasparenti e della riluttanza delle autorità a finanziare ricerche indipendenti. La questione dell'impatto ecologico delle scie chimiche si intreccia quindi con la necessità di sviluppare un approccio più responsabile e sostenibile alla gestione dell'ambiente.

Il fenomeno delle scie chimiche pone anche domande sul futuro della governance climatica. In un mondo in cui la crisi climatica rappresenta una delle sfide più urgenti, la tentazione di ricorrere a soluzioni tecnologiche rapide, come la geoingegneria, potrebbe crescere esponenzialmente. Tuttavia, la mancanza di un quadro regolatorio internazionale e il rischio che tali tecnologie vengano utilizzate senza il necessario consenso democratico rappresentano una minaccia significativa per la sicurezza globale. La governance della manipolazione climatica richiede un livello di cooperazione internazionale senza precedenti, con l'obiettivo di garantire che le tecnologie emergenti siano utilizzate per il bene comune e non per interessi egoistici.

La domanda resta aperta: è possibile che i cieli sopra di noi siano davvero parte di un piano nascosto, e, se sì, quali sono le conseguenze per il nostro futuro collettivo? Qualunque sia la risposta, la necessità di una discussione più aperta e di una maggiore trasparenza sulle tecnologie che influenzano l'ambiente è evidente. Solo attraverso un dialogo informato e la disponibilità di dati verificabili sarà possibile affrontare in modo responsabile le sfide poste dalla geoingegneria e dal controllo climatico, garantendo che tali tecnologie vengano utilizzate nel rispetto dei principi etici e del benessere collettivo. L'approccio alla questione delle scie chimiche deve quindi essere integrato in una riflessione più ampia sul ruolo della tecnologia nella società contemporanea e sulla responsabilità che deriva dall'uso di strumenti tanto potenti quanto potenzialmente pericolosi.

Capitolo 4 - HAARP e Altre Tecnologie Misteriose

Tra le numerose tecnologie sospette legate al tema della manipolazione climatica, il progetto HAARP (High-Frequency Active Auroral Research Program) ha acquisito una particolare notorietà e attenzione mediatica. Nato ufficialmente come programma di ricerca per studiare le proprietà della ionosfera, HAARP è diventato, nel corso degli anni, il fulcro di numerose teorie complottiste. Questo cambiamento di percezione è stato alimentato da sospetti riguardo alle sue possibili finalità segrete, come ad esempio la presunta capacità di influenzare il clima o di disturbare le comunicazioni per scopi militari. Secondo queste teorie, HAARP sarebbe uno strumento segreto per manipolare il clima, influenzare le comunicazioni globali e persino condizionare le menti umane. Tuttavia, queste teorie non sono supportate da prove scientifiche e rimangono nel dominio delle speculazioni. Tuttavia, cosa rappresenta realmente HAARP e perché ha scatenato un così profondo interesse e una così intensa preoccupazione?

Il progetto HAARP fu avviato nei primi anni '90 in Alaska, finanziato congiuntamente dall'Aeronautica e dalla Marina degli Stati Uniti, nonché dalla Defense Advanced Research Projects Agency (DARPA). Secondo documenti ufficiali del governo statunitense, il finanziamento era destinato allo studio delle proprietà della ionosfera e alle sue applicazioni nella comunicazione militare. Ufficialmente, il suo scopo era quello di investigare i processi fisici della ionosfera, una regione dell'atmosfera terrestre che gioca un ruolo cruciale nella propagazione delle onde radio e nelle comunicazioni a lunga distanza. Utilizzando una vasta rete di antenne capaci di emettere onde radio ad altissima frequenza, HAARP è in grado di riscaldare piccole porzioni della ionosfera per studiarne le reazioni. Tuttavia, la complessità tecnica di questa installazione e l'enorme potenza delle emissioni hanno suscitato sospetti, alimentando l'ipotesi che HAARP possa avere finalità non dichiarate, ben diverse da quelle ufficialmente esposte.

Una delle teorie più diffuse sostiene che HAARP potrebbe essere utilizzato per manipolare il clima, provocando tempeste, uragani e altri fenomeni atmosferici estremi. Ad esempio, l'uragano Katrina del 2005 è stato associato da alcuni teorici a possibili manipolazioni climatiche legate a HAARP, basandosi su sospetti legati alla coincidenza tra l'attività di HAARP e l'evento. Tuttavia, queste affermazioni non sono supportate da prove scientifiche e sono considerate altamente speculative. Tuttavia, non vi sono prove concrete a sostegno di questa affermazione, e tali teorie rimangono altamente speculative. L'idea alla base di tale teoria è che, riscaldando la ionosfera, sia possibile innescare cambiamenti nella circolazione atmosferica che, a loro volta, influenzano le condizioni meteorologiche su scala globale. Alcuni sostengono che HAARP sia stato già utilizzato per causare eventi climatici devastanti, con l'intento di destabilizzare intere regioni e ottenere vantaggi geopolitici. Questa ipotesi trova terreno fertile in un contesto globale in cui la competizione per il controllo delle risorse naturali e delle aree strategiche è sempre più accesa. Sebbene non vi siano prove scientificamente accertate a sostegno di queste affermazioni, la segretezza che circonda il progetto e la complessità delle tecnologie coinvolte continuano ad alimentare il sospetto e a fornire terreno fertile alle speculazioni.

Un'altra teoria particolarmente inquietante riguarda l'ipotesi che HAARP possa essere impiegato per il controllo mentale. Questa teoria trova le sue origini nelle paure sorte durante la

Guerra Fredda, quando entrambe le superpotenze sperimentavano tecniche avanzate di manipolazione mentale, come il progetto MK-Ultra della CIA, che mirava a sviluppare metodi per il controllo del comportamento umano attraverso l'uso di droghe, ipnosi e altre forme di condizionamento psicologico. Secondo i sostenitori di questa ipotesi, le onde ad alta frequenza emesse dalle antenne di HAARP potrebbero interferire con le onde cerebrali umane, influenzando il comportamento e lo stato emotivo delle persone. Tuttavia, queste affermazioni non sono supportate da evidenze scientifiche verificate e rimangono nel dominio delle teorie non provate. Questa teoria si fonda sull'assunto che le onde radio possano essere sintonizzate su frequenze in grado di interagire con l'attività elettrica del cervello, inducendo stati di agitazione, depressione o persino modificando le capacità cognitive degli individui. Sebbene la comunità scientifica rigetti tali affermazioni come prive di fondamento, la paura di un possibile utilizzo di tecnologie per il controllo mentale ha contribuito a fare di HAARP uno degli obiettivi principali delle teorie complottiste. Questa paura si inserisce in una più ampia narrativa storica legata al timore della manipolazione tecnologica della mente, una preoccupazione che ha radici nella Guerra Fredda e nelle tecniche di controllo mentale esplorate durante quel periodo.

Oltre a HAARP, esistono numerose altre installazioni e tecnologie enigmatiche spesso menzionate nel contesto della manipolazione climatica e del controllo globale. Un esempio è la stazione di ricerca SURA in Russia, un impianto simile a HAARP che viene spesso indicato come parte di un programma per studiare e manipolare la ionosfera. A differenza di HAARP, che è stato finanziato dall'Aeronautica e dalla Marina degli Stati Uniti, SURA è un progetto russo avviato negli anni '80 con l'obiettivo principale di studiare l'effetto delle onde ad alta frequenza sulla ionosfera. Entrambi gli impianti utilizzano potenti trasmettitori per riscaldare la ionosfera, ma HAARP ha una potenza maggiore e capacità tecnologiche più avanzate rispetto a SURA. Anche i radar over-the-horizon, come il radar JORN (Jindalee Operational Radar Network) in Australia, sono stati menzionati come possibili strumenti di manipolazione climatica. Un esempio è la stazione di ricerca SURA in Russia, un impianto simile a HAARP che viene spesso indicato come parte di un programma per studiare e manipolare la ionosfera. Tra queste vi sono le stazioni di ricerca climatica situate in diverse parti del mondo, che alcuni ritengono possano essere parte di una rete globale di strutture dedicate alla geoingegneria. Anche i cosiddetti radar over-the-horizon, sistemi di monitoraggio che utilizzano onde radio a lunga portata, come il radar JORN (Jindalee Operational Radar Network) in Australia, sono stati indicati come possibili strumenti per alterare il clima o interferire con le comunicazioni. La mancanza di trasparenza riguardo alle reali finalità di queste installazioni alimenta ulteriormente la convinzione che poteri occulti agiscano nell'ombra, sfruttando tecnologie avanzate per scopi non dichiarati. Un esempio storico di mancanza di trasparenza è rappresentato dal progetto MK-Ultra della CIA, condotto tra gli anni '50 e '60, che ha coinvolto esperimenti di controllo mentale su cittadini ignari senza alcuna supervisione pubblica, alimentando una profonda sfiducia nelle istituzioni.

La questione di HAARP e delle altre tecnologie misteriose solleva interrogativi profondi su come la scienza e la tecnologia vengano utilizzate e su chi detenga il controllo di tali strumenti. Se è vero che il progresso scientifico offre straordinarie opportunità per migliorare la nostra comprensione del mondo e per affrontare sfide globali come il cambiamento climatico, è altrettanto vero che l'uso improprio di queste tecnologie potrebbe avere conseguenze disastrose. La segretezza che avvolge progetti come HAARP alimenta la sfiducia verso le istituzioni e solleva timori riguardo al potenziale utilizzo del potere tecnologico per fini che vanno oltre il bene comune. Un esempio storico di queste preoccupazioni riguarda il progetto Manhattan, che fu condotto in segreto durante la Seconda Guerra Mondiale. Sebbene abbia portato alla creazione della bomba atomica, il progetto sollevò seri dilemmi etici, poiché le sue conseguenze cambiarono radicalmente l'equilibrio geopolitico e introdussero una nuova minaccia alla sicurezza globale, senza alcun dibattito pubblico o controllo democratico.

In un'epoca in cui la tecnologia ha il potere di trasformare radicalmente il nostro rapporto con l'ambiente e con noi stessi, è essenziale garantire che l'uso di strumenti tanto potenti sia soggetto a controllo democratico e trasparente. La mancanza di informazioni chiare e la percezione che vi siano forze occulte operanti senza alcuna supervisione pubblica rappresentano una minaccia non solo per la nostra sicurezza, ma anche per la nostra libertà. Se desideriamo costruire una società in cui la tecnologia sia effettivamente al servizio del benessere collettivo, dobbiamo pretendere trasparenza, responsabilità e partecipazione nella gestione di tali risorse straordinarie.

Il mistero che circonda HAARP e altre tecnologie simili continuerà probabilmente a suscitare dibattiti e sospetti. La domanda che resta aperta è se sia possibile che tali strumenti vengano effettivamente utilizzati per manipolare il clima, influenzare la psiche umana o perseguire fini nascosti. In un contesto in cui la linea tra scienza e fantascienza diventa sempre più sottile, è indispensabile mantenere una vigilanza costante e promuovere un dibattito pubblico informato, al fine di garantire che il progresso tecnologico sia realmente al servizio dell'umanità e non si trasformi in un'arma nelle mani di pochi.

Il problema fondamentale riguarda il rapporto tra potere, conoscenza e controllo tecnologico. Le tecnologie come HAARP sollevano questioni riguardanti chi abbia il diritto di gestirle e a quali scopi. La storia ci ha insegnato che il progresso scientifico e tecnologico, se non adeguatamente regolamentato, può essere sfruttato per fini tutt'altro che altruistici, spesso mettendo a rischio la sicurezza delle popolazioni e l'integrità dell'ambiente. La possibilità che tecnologie avanzate vengano sviluppate e impiegate senza alcuna forma di controllo pubblico non è solo un'ipotesi teorica, ma una realtà storica ben documentata. L'opacità che circonda l'operato di certi progetti, come HAARP, non fa che confermare i timori riguardanti la possibilità che l'innovazione tecnologica venga utilizzata per consolidare posizioni di potere, piuttosto che per promuovere il progresso collettivo.

HAARP è un esempio emblematico di come la tecnologia possa diventare il centro di un dibattito acceso, non solo per le sue potenzialità, ma anche per la percezione che essa suscita. La capacità di manipolare l'ambiente, anche se solo a livello ionosferico, solleva questioni fondamentali sulla legittimità di tali interventi e sull'impatto che potrebbero avere su scala globale. Anche la sola idea che un'installazione scientifica possa interferire con il clima o con le menti delle persone è sufficiente a generare un profondo senso di inquietudine e sfiducia. Questa percezione negativa viene amplificata dall'assenza di una comunicazione chiara e trasparente da parte delle istituzioni coinvolte, che preferiscono mantenere il riserbo piuttosto che affrontare direttamente le preoccupazioni pubbliche.

Il controllo climatico e il potenziale uso delle tecnologie per fini strategici e militari sono questioni che trascendono il caso specifico di HAARP. La possibilità che Stati o attori privati possano alterare il clima per ottenere vantaggi geopolitici è un tema di grande rilevanza, soprattutto in un'epoca in cui il cambiamento climatico rappresenta una delle sfide più critiche per la sopravvivenza dell'umanità. Ad esempio, il Trattato ENMOD (Convention on the Prohibition of Military or Any Other Hostile Use of Environmental Modification Techniques) del 1977 è un esempio di regolamentazione internazionale che ha cercato di prevenire l'uso ostile della manipolazione climatica, dimostrando quanto seriamente il tema fosse già considerato nella comunità internazionale. Se tecnologie come quelle utilizzate da HAARP fossero realmente in grado di influenzare il clima, saremmo di fronte a uno strumento di potere senza precedenti, con implicazioni enormi per la sicurezza globale e per gli equilibri internazionali. Ad esempio, durante la Guerra Fredda, il controllo del clima era considerato una potenziale arma strategica per alterare le condizioni meteorologiche a vantaggio di una nazione, come riportato in vari documenti declassificati dell'epoca. Questa possibilità rende ancora più urgente la necessità di una regolamentazione internazionale che garantisca che tali tecnologie siano utilizzate esclusivamente per scopi pacifici e nel rispetto dei diritti delle popolazioni.

Anche l'aspetto del controllo mentale, per quanto controverso, solleva interrogativi importanti riguardo all'etica delle tecnologie di comunicazione e alla loro possibile applicazione per fini di manipolazione psicologica. Le onde elettromagnetiche hanno un potenziale di interazione con i sistemi biologici che è ancora oggetto di studio. Ad esempio, ricerche recenti nel campo della bioelettromagnetica stanno esplorando l'effetto delle onde elettromagnetiche sulla funzione neuronale. Sebbene molte delle affermazioni riguardanti HAARP siano state confutate, il timore che la tecnologia possa essere utilizzata per influenzare il comportamento umano non è del tutto privo di basi. La storia delle sperimentazioni condotte durante la Guerra Fredda su tecniche di manipolazione mentale e controllo psicologico è un monito riguardo ai pericoli di un uso irresponsabile della scienza. La documentazione relativa a progetti come MK-Ultra, condotti dalla CIA, mostra come gli strumenti tecnologici possano essere sfruttati per scopi estremamente discutibili, spesso al di fuori del controllo e della conoscenza pubblica.

In definitiva, il dibattito su HAARP e sulle altre tecnologie misteriose riflette una più ampia preoccupazione per il modo in cui il potere tecnologico viene gestito nella società contemporanea. In un contesto di crescente disuguaglianza e concentrazione del potere, la paura che la tecnologia possa essere utilizzata contro il pubblico piuttosto che per il suo beneficio è un timore legittimo che richiede risposte chiare e un impegno concreto verso la trasparenza e la responsabilità. La domanda non è solo se HAARP possa manipolare il clima o influenzare le menti, ma chi controlla queste tecnologie, con quale legittimità e con quali finalità. Senza un controllo democratico e una regolamentazione chiara, il rischio è che queste potenti tecnologie diventino strumenti di dominio, piuttosto che strumenti di progresso.

Il futuro del controllo tecnologico dipenderà dalla capacità delle società di mettere in atto meccanismi di supervisione e partecipazione che garantiscano che il progresso sia equamente distribuito e che le tecnologie emergenti siano utilizzate per il bene di tutti. In questo senso, il caso di HAARP rappresenta un campanello d'allarme: ci ricorda che il progresso non è mai neutrale e che, senza una vigilanza costante, la scienza può essere piegata a fini che nulla hanno a che fare con il benessere collettivo. La sfida che ci attende è quindi quella di costruire un futuro in cui la tecnologia sia realmente al servizio dell'umanità, attraverso un processo di responsabilità condivisa e una governance inclusiva e trasparente.

Per garantire che il potenziale delle tecnologie avanzate sia utilizzato in modo etico e vantaggioso per l'intera umanità, è necessario sviluppare una governance internazionale che includa regole chiare e strumenti di supervisione trasparenti. Questo processo dovrebbe coinvolgere non solo i governi, ma anche le comunità scientifiche e civili, per assicurare che il potere delle nuove tecnologie non sia monopolizzato da pochi attori. Solo attraverso un controllo democratico e una partecipazione attiva sarà possibile evitare che progetti come HAARP diventino una fonte di paura e sospetto, piuttosto che una risorsa per affrontare le sfide globali che ci attendono.

Le implicazioni etiche e geopolitiche delle tecnologie come HAARP non possono essere sottovalutate. La possibilità che tali strumenti vengano utilizzati per influenzare il clima, interferire con le comunicazioni o persino condizionare i comportamenti umani rappresenta un nuovo capitolo nella relazione tra scienza, potere e società. La questione non riguarda solo la veridicità o meno delle teorie complottiste, ma il livello di fiducia che le popolazioni possono riporre nelle istituzioni che gestiscono il progresso scientifico. Il dibattito su HAARP diventa, quindi, un simbolo delle sfide più ampie che la tecnologia pone alla democrazia e ai diritti umani nell'era contemporanea.

Il ruolo della scienza nella società deve essere quello di contribuire al miglioramento della qualità della vita, alla riduzione delle disuguaglianze e alla promozione della giustizia sociale. Per raggiungere questi obiettivi, è indispensabile che l'utilizzo delle tecnologie emergenti sia orientato da un'etica della responsabilità e del bene comune. HAARP e altre tecnologie simili, per quanto possano essere strumenti di ricerca scientifica legittima, devono essere valutate alla luce delle loro possibili conseguenze, e la loro gestione deve essere sottoposta a un controllo rigoroso e trasparente. Solo in questo modo sarà possibile trasformare il potenziale della scienza in un vero progresso per l'umanità, evitando che essa diventi una nuova forma di oppressione e controllo.

Capitolo 5 - Media e Manipolazione dell'Informazione

Nel contesto della manipolazione climatica e delle teorie complottiste, il ruolo dei media riveste una rilevanza cruciale. La capacità di influenzare l'opinione pubblica attraverso la diffusione selettiva dell'informazione rappresenta uno degli strumenti più potenti nelle mani di governi, istituzioni e gruppi di potere economico. Ad esempio, durante la guerra in Iraq del 2003, la diffusione selettiva delle informazioni sui presunti arsenali di armi di distruzione di massa ha giocato un ruolo cruciale nel guadagnare il consenso dell'opinione pubblica internazionale a favore dell'intervento militare. Le informazioni fornite si basavano su fonti discutibili e su rapporti di intelligence non verificati, che furono presentati come prove certe, portando molti a credere che la minaccia fosse imminente. Questo capitolo esamina in dettaglio la complessa relazione tra media e manipolazione dell'informazione, analizzando il modo in cui le narrazioni ufficiali vengono costruite, legittimate e perpetuate, mentre le voci alternative vengono sistematicamente marginalizzate o distorte. L'esame si estende anche agli effetti psicologici e sociali di queste dinamiche, nonché all'impatto sull'autonomia del cittadino e sulla qualità della democrazia.

I media tradizionali, comprendenti stampa, radio e televisione, sono stati a lungo definiti il "quarto potere", in quanto istituzione capace di esercitare una forma di controllo e supervisione sugli altri tre poteri: esecutivo, legislativo e giudiziario. Tuttavia, l'indipendenza dei media è spesso compromessa da complessi intrecci di interessi economici e politici. La concentrazione della proprietà dei principali mezzi di comunicazione nelle mani di pochi grandi conglomerati, come News Corp di Rupert Murdoch, ha significativamente ridotto la diversità delle opinioni e delle prospettive rappresentate, portando a una standardizzazione delle narrazioni, nella quale le voci dissenzienti vengono frequentemente ridicolizzate o del tutto ignorate. Secondo uno studio condotto dal Pew Research Center, la concentrazione mediatica ha avuto un impatto negativo sulla pluralità delle informazioni disponibili al pubblico, riducendo la qualità e la diversità delle notizie offerte. La conseguenza è una limitata capacità di accesso a una pluralità di idee, un processo che indebolisce la funzione dei media come organi di controllo democratico. Questa concentrazione non solo limita la diversità delle prospettive, ma accentua anche la capacità di promuovere interessi specifici, influenzando il dibattito pubblico in maniera favorevole agli attori dominanti.

Nel contesto delle teorie complottiste sul cambiamento climatico e sulla manipolazione climatica, la gestione dell'informazione assume un ruolo particolarmente problematico. Le narrazioni ufficiali sul cambiamento climatico sono spesso presentate come verità incontrovertibili, e qualsiasi posizione alternativa viene generalmente liquidata come "disinformazione" o "negazionismo". Ad esempio, alcune critiche sui modelli di previsione climatica, come quelle avanzate da scienziati che sostengono che questi modelli tendano a sovrastimare i rischi, sono state etichettate come negazionismo, senza un'adeguata considerazione delle loro argomentazioni. Sebbene la scienza del cambiamento climatico sia largamente supportata da una vasta mole di dati empirici e da un consenso quasi unanime della comunità scientifica, è altrettanto importante considerare che le soluzioni proposte, in termini di mitigazione e adattamento, possono essere influenzate da interessi economici e politici. Vi sono voci critiche che mettono in evidenza come alcune misure apparentemente ecologiche siano progettate per favorire determinati attori economici e non necessariamente per il benessere ambientale. Tuttavia, la rappresentazione mediatica dominante tende a non considerare queste critiche, creando un ambiente mediatico in cui il dibattito è limitato e le opinioni divergenti sono frequentemente ostracizzate. Questo tipo di esclusione sistematica contribuisce a una narrazione unidimensionale che ostacola l'emergere di soluzioni innovative e alternative, necessarie per affrontare le sfide complesse e interconnesse del cambiamento climatico.

Un ulteriore aspetto rilevante riguarda la censura indiretta, che avviene attraverso il controllo degli spazi di comunicazione e la moderazione selettiva dei contenuti. I media digitali, che hanno senza dubbio democratizzato l'accesso all'informazione, sono anch'essi soggetti a dinamiche di controllo significative. Le grandi piattaforme online, come i social media, adottano politiche di moderazione dei contenuti che spesso portano alla rimozione di informazioni considerate controverse o non conformi alle linee guida ufficiali. Un esempio è il caso di moderazione su YouTube, dove diversi canali che discutevano teorie alternative sul cambiamento climatico sono stati sospesi o hanno subito la rimozione dei loro video, sollevando preoccupazioni sulla libertà di espressione e sul diritto al dibattito pubblico. Questa forma di censura, sebbene giustificata dalla necessità di contrastare la disinformazione e proteggere la qualità del dibattito pubblico, può anche risultare problematica, poiché limita il diritto alla libertà di espressione e, di conseguenza, impedisce un confronto autentico su questioni di rilevanza pubblica. Il controllo algoritmico delle informazioni, che determina ciò che gli utenti vedono e ciò che viene omesso, rappresenta una forma sofisticata e insidiosa di manipolazione, che contribuisce alla costruzione di una realtà percepita profondamente influenzata dagli interessi di chi detiene il potere tecnologico.

La manipolazione dell'informazione attraverso i media non si limita alla semplice censura o alla promozione di una narrativa dominante. Esistono anche strategie più sottili, come la distrazione dell'opinione pubblica attraverso la diffusione di notizie sensazionalistiche o irrilevanti. Queste strategie hanno lo scopo di deviare l'attenzione dalle questioni critiche e di creare un clima di confusione in cui diventa sempre più difficile per il pubblico distinguere tra fatti reali e manipolazioni. Il bombardamento costante di informazioni e la velocità con cui le notizie vengono diffuse contribuiscono a quella che è stata definita "anestesia informativa". Ad esempio, durante il periodo delle elezioni del 2016 negli Stati Uniti, la copertura mediatica di notizie scandalistiche ha spesso oscurato discussioni più critiche sulle politiche economiche e sociali, contribuendo a distrarre l'opinione pubblica dalle questioni di maggiore rilevanza., una condizione in cui le persone diventano apatiche e incapaci di reagire in maniera critica agli eventi. Secondo uno studio dell'Università di Oxford, questa condizione può derivare dall'eccesso di stimoli informativi, che riduce la capacità di analisi critica e di coinvolgimento attivo del pubblico. In un tale contesto, l'informazione perde il suo valore, diventando un semplice rumore di fondo che non facilita la comprensione profonda dei fenomeni complessi. Questo processo di saturazione informativa mina la capacità dei cittadini di partecipare in modo consapevole alla vita pubblica e indebolisce la resilienza della società contro le manipolazioni del potere.

Un altro elemento centrale è il linguaggio utilizzato dai media. Le parole scelte per descrivere un evento, una persona o un fenomeno possono influenzare profondamente la percezione del pubblico e orientare le reazioni sociali. Descrivere chi mette in discussione le narrazioni ufficiali come "complottista" o "negazionista" non è solo una strategia retorica, ma una vera e propria tecnica di delegittimazione, che ha l'effetto di escludere automaticamente qualsiasi critica dal dibattito legittimo. Ad esempio, durante il dibattito sulla pandemia di COVID-19, molti scienziati e medici che proponevano approcci alternativi sono stati etichettati come "negazionisti", rendendo difficile per loro partecipare al discorso pubblico in modo costruttivo. Questo tipo di linguaggio polarizzante contribuisce a dividere la società in fazioni opposte, incapaci di comunicare tra loro. In tal modo, si impedisce la costruzione di un discorso pubblico sfumato e complesso, favorendo invece una narrativa dicotomica che semplifica indebitamente questioni estremamente intricate. La delegittimazione sistematica di posizioni critiche attraverso l'uso di un linguaggio stigmatizzante limita la possibilità di un confronto genuino, riducendo la complessità dei fenomeni a semplici contrapposizioni tra giusto e sbagliato, razionale e irrazionale.

Il ruolo dei media nella manipolazione dell'informazione è quindi fondamentale per comprendere come l'opinione pubblica venga plasmata e come determinate narrazioni riescano a prevalere, mentre altre vengono sistematicamente marginalizzate o soppresse. La capacità di controllare l'informazione rappresenta un potere immenso, che può essere utilizzato per perpetuare lo status quo e per impedire qualsiasi cambiamento che potrebbe minacciare gli interessi consolidati. In un'epoca in cui la tecnologia ha reso l'informazione immediatamente accessibile su scala globale, la responsabilità dei media tradizionali e delle piattaforme digitali nel garantire un'informazione trasparente e pluralistica è più importante che mai. Senza un impegno autentico verso la diversità delle opinioni e la promozione di un dibattito critico, i media rischiano di diventare strumenti di controllo piuttosto che canali di emancipazione. La necessità di un'informazione pluralistica e indipendente è una condizione imprescindibile per una società democratica capace di rispondere alle sfide del nostro tempo.

La manipolazione mediatica non è un fenomeno nuovo, ma l'impatto che essa ha oggi è amplificato dalla velocità e dalla portata della comunicazione moderna. La possibilità di manipolare l'opinione pubblica in tempo reale attraverso i media rende ancora più urgente la necessità di promuovere il pensiero critico, incoraggiando le persone a cercare informazioni da fonti diverse e indipendenti. L'alfabetizzazione mediatica, intesa come la capacità di comprendere e analizzare criticamente i contenuti dei media, è diventata una competenza fondamentale per navigare in un panorama informativo sempre più complesso e spesso fuorviante. Solo attraverso un accesso libero e non filtrato all'informazione e lo sviluppo di strumenti critici adeguati è possibile costruire una società consapevole, capace di prendere decisioni informate e di resistere alle manipolazioni esercitate dal potere. L'educazione alla lettura critica dei media deve diventare parte integrante del sistema educativo, affinché le nuove generazioni possano sviluppare le competenze necessarie per distinguere tra fatti, opinioni e manipolazioni.

In conclusione, il ruolo dei media nella costruzione delle narrazioni pubbliche e nella gestione dell'informazione è un elemento centrale delle dinamiche di potere nella società contemporanea. La manipolazione delle informazioni, sia attraverso la censura diretta sia tramite forme più sottili di controllo e orientamento delle notizie, rappresenta una minaccia alla libertà di espressione e alla possibilità di un autentico dibattito democratico. In un contesto in cui il controllo dell'informazione può influenzare profondamente le decisioni politiche, economiche e sociali, è essenziale che i media siano chiamati a rendere conto del loro operato e che venga garantita una pluralità di voci. Solo in questo modo sarà possibile promuovere una società aperta, informata e capace di affrontare le sfide del presente con spirito critico e consapevolezza.

Per garantire una vera pluralità delle voci e delle opinioni, è necessario adottare politiche che limitino la concentrazione della proprietà dei media e che incentivino il sostegno a fonti di informazione indipendenti. Inoltre, il ruolo delle piattaforme digitali deve essere regolamentato in modo da evitare abusi di potere nella moderazione dei contenuti e per assicurare che gli algoritmi utilizzati siano trasparenti e non discriminatori. La regolamentazione del panorama informativo, tuttavia, non deve mai sfociare in una limitazione della libertà di espressione; al contrario, deve essere orientata a garantire un accesso equo e aperto all'informazione. Solo così sarà possibile costruire una democrazia solida, in cui l'informazione sia davvero un bene comune e non un'arma nelle mani di pochi.

Il futuro dell'informazione dipenderà dalla capacità delle società di mettere in atto meccanismi di supervisione e partecipazione che garantiscano che il potere mediatico sia distribuito equamente e che le tecnologie emergenti siano utilizzate per il bene di tutti. In questo senso, il caso della manipolazione dell'informazione rappresenta un campanello d'allarme: ci ricorda che il controllo dell'informazione non è mai neutrale e che, senza una vigilanza costante, i media possono essere piegati a fini che nulla hanno a che fare con il benessere collettivo. La sfida che ci attende è quindi quella di costruire un futuro in cui l'informazione sia realmente al servizio dell'umanità, attraverso un processo di responsabilità condivisa e una governance inclusiva e trasparente.

Il ruolo dei media, come strumento di costruzione della realtà collettiva, non può essere sottovalutato. Essi sono in grado di determinare quali questioni vengono considerate rilevanti e quali no, influenzando non solo ciò che pensiamo ma anche come pensiamo. È quindi essenziale che l'informazione sia trattata come un diritto fondamentale e non come una merce da manipolare per interessi di parte. La costruzione di un'informazione libera, pluralistica e responsabile è la chiave per una democrazia partecipativa e resiliente, capace di affrontare le sfide globali con una consapevolezza critica e un impegno condiviso.

Capitolo 6 - Il Business del Clima

Il cambiamento climatico non rappresenta soltanto una sfida ambientale e scientifica, ma costituisce anche un'opportunità economica straordinaria per una vasta gamma di attori globali, tra cui grandi corporazioni energetiche, istituzioni finanziarie e governi nazionali. Questi attori traggono vantaggio dagli incentivi governativi per le energie rinnovabili, dai mercati delle emissioni di carbonio e dagli investimenti in infrastrutture sostenibili. Questi attori beneficiano dell'espansione delle energie rinnovabili, dei mercati delle emissioni e degli investimenti in tecnologie sostenibili. In questo capitolo, esaminiamo il lato economico del cambiamento climatico, mettendo in luce chi effettivamente trae vantaggio dalle politiche climatiche e dalle iniziative ambientali, e analizzando come queste siano diventate parte integrante di un mercato globale in espansione, caratterizzato da dinamiche di potere spesso opache e intricate. Esplorare il business del clima significa anche comprendere le sfumature della politica internazionale e della finanza globale che contribuiscono a modellare la risposta alla crisi climatica.

Una delle principali caratteristiche del business del cambiamento climatico è rappresentata dal mercato delle emissioni di carbonio. Questo mercato, sviluppato con l'intento di incentivare la riduzione delle emissioni di gas serra, è stato presentato come uno degli strumenti economici più efficaci per affrontare la crisi climatica. Tuttavia, dietro la facciata della responsabilità ambientale, il mercato delle emissioni ha anche rivelato criticità significative, diventando un'opportunità per le grandi corporazioni di trarre profitti senza necessariamente ridurre il proprio impatto ambientale. Il sistema dei crediti di carbonio consente infatti alle aziende che superano i propri obiettivi di riduzione delle emissioni di vendere tali eccedenze ad altre aziende che non riescono a rispettare i loro target. Ad esempio, Microsoft ha tratto vantaggio da questo sistema acquistando crediti di carbonio per compensare parte delle sue emissioni, contribuendo a raggiungere i propri obiettivi di neutralità climatica. Questo meccanismo ha spesso condotto alla finanziarizzazione del problema climatico, trasformando la lotta contro il riscaldamento globale in un'opportunità di investimento speculativo, più che in una vera spinta verso la sostenibilità. Ad esempio, il fallimento del mercato europeo delle emissioni di carbonio nel 2012, quando il prezzo dei crediti di carbonio è crollato, ha mostrato come la speculazione finanziaria possa minare l'efficacia delle politiche climatiche, portando a una riduzione dell'impatto positivo atteso.

In molti casi, il sistema dei crediti di carbonio è stato utilizzato come un modo per rimandare l'adozione di misure realmente efficaci per la riduzione delle emissioni. Le aziende, piuttosto che investire nella trasformazione delle proprie strutture produttive, preferiscono acquistare crediti di carbonio per compensare le proprie emissioni, continuando di fatto a operare secondo un modello insostenibile. Questo processo di "compensazione" ha suscitato critiche da parte di numerosi analisti e attivisti, che sottolineano come il mercato delle emissioni abbia finito per perpetuare le disuguaglianze esistenti, garantendo un accesso privilegiato a strumenti di riduzione delle emissioni solo a chi può permetterselo. In questo senso, il mercato delle emissioni non solo ha creato nuove opportunità di profitto, ma ha anche contribuito a consolidare il potere delle grandi corporazioni, a discapito di una vera transizione ecologica. Queste dinamiche mostrano come il sistema attuale favorisca principalmente i grandi attori economici, mentre lascia i piccoli produttori e i Paesi più poveri in condizioni di vulnerabilità, incapaci di competere nel mercato delle emissioni.

Un altro aspetto centrale del business del cambiamento climatico è rappresentato dalle energie rinnovabili. Sebbene queste siano fondamentali per una transizione verso una società sostenibile, sono diventate anch'esse parte di una dinamica economica che avvantaggia principalmente pochi attori dominanti. I grandi investimenti nelle infrastrutture per la produzione di energia solare ed eolica sono stati guidati principalmente da incentivi governativi e politiche fiscali favorevoli, che hanno reso questo settore estremamente redditizio. Ad esempio, il programma statunitense di crediti d'imposta per l'energia rinnovabile (Investment Tax Credit - ITC) ha favorito notevolmente gli investimenti nel solare, contribuendo alla crescita del settore e rendendolo una delle fonti di energia più competitive sul mercato. Ad esempio, il programma statunitense di crediti d'imposta per l'energia rinnovabile (Investment Tax Credit - ITC) ha favorito notevolmente gli investimenti nel solare, contribuendo alla crescita del settore e rendendolo una delle fonti di energia più competitive sul mercato. Tuttavia, le stesse multinazionali che in passato erano ai vertici dell'industria petrolifera e del carbone stanno ora cercando di dominare il mercato delle rinnovabili, con l'obiettivo di mantenere il controllo sulle risorse energetiche e, di conseguenza, sul potere economico globale. Mentre la narrativa pubblica si concentra sulla necessità di una transizione energetica, la realtà è che questa transizione avviene spesso senza modificare la struttura fondamentale del potere economico. Le nuove tecnologie rinnovabili vengono così incorporate all'interno di un sistema capitalista che mira alla massimizzazione dei profitti piuttosto che alla democratizzazione dell'accesso alle risorse energetiche. Il passaggio dalle energie fossili alle rinnovabili rischia quindi di diventare una semplice sostituzione di fonti, senza affrontare le disuguaglianze strutturali nel controllo delle risorse.

Un ulteriore settore che ha tratto enormi benefici dal cambiamento climatico è quello dell'industria finanziaria. Banche e fondi di investimento hanno creato una vasta gamma di prodotti finanziari legati alla sostenibilità, come i green bond, progettati per finanziare progetti ambientalmente sostenibili. Sebbene questi strumenti siano potenzialmente utili per indirizzare capitali verso iniziative a basso impatto ambientale, vi è anche il rischio di pratiche di greenwashing, in cui le aziende presentano come ecologiche iniziative che in realtà hanno benefici ambientali discutibili o limitati. Ad esempio, la campagna di Volkswagen sul Diesel pulito, rivelatasi poi un caso di frode sulle emissioni, è stata uno dei casi più noti di greenwashing. Questo scandalo ha influito profondamente sull'opinione pubblica, portando a una crescente sfiducia verso le case automobilistiche e accelerando la transizione verso veicoli elettrici. Ha anche spinto i governi e le autorità di regolamentazione a rafforzare i controlli sulle emissioni e a introdurre normative più severe nel settore automobilistico. In molti casi, la sostenibilità diventa una merce da vendere, una strategia di marketing che permette alle aziende di migliorare la propria immagine senza apportare cambiamenti significativi nelle loro operazioni. La finanziarizzazione della sostenibilità ha portato alla creazione di un mercato in cui l'apparenza conta più della sostanza, con il rischio che gli investimenti promossi come "verdi" non abbiano un impatto reale sulla riduzione delle emissioni o sulla protezione dell'ambiente. Questa tendenza alimenta una crescente disillusione tra il pubblico, che percepisce l'azione climatica come un'operazione più retorica che sostanziale, priva della profondità necessaria per affrontare la crisi in modo efficace.

Le politiche climatiche internazionali, come gli Accordi di Parigi, sono spesso presentate come un trionfo della cooperazione globale. Tuttavia, queste stesse politiche hanno implicazioni economiche che favoriscono principalmente i Paesi più ricchi, che possono permettersi di investire nella transizione energetica e nelle tecnologie necessarie per ridurre le emissioni. I Paesi in via di sviluppo, al contrario, si trovano a dover affrontare costi significativi, che spesso ostacolano il loro sviluppo economico. In molti casi, le nazioni più povere vengono messe sotto pressione per adottare misure di mitigazione che limitano la loro crescita, mentre i Paesi sviluppati continuano a beneficiare di strutture economiche e tecnologiche consolidate. Questo disequilibrio pone questioni fondamentali di giustizia climatica, evidenziando come il cambiamento climatico non sia solo un problema ambientale, ma anche una questione di equità globale. La giustizia climatica richiede una riflessione profonda sulle responsabilità storiche dei Paesi industrializzati e su come i costi della transizione energetica possano essere equamente distribuiti tra Nord e Sud del mondo. Senza un riequilibrio delle risorse e delle opportunità, le politiche climatiche rischiano di diventare un ulteriore fattore di oppressione per i Paesi più vulnerabili, che si trovano a subire le conseguenze di un problema che non hanno contribuito a creare.

Il business del cambiamento climatico non riguarda soltanto le grandi corporazioni e i governi, ma coinvolge anche il settore tecnologico, che ha iniziato a sviluppare nuove soluzioni per la gestione del rischio climatico e la mitigazione degli effetti del riscaldamento globale. La geoingegneria, ad esempio, rappresenta un campo emergente che promette soluzioni innovative per ridurre l'impatto del cambiamento climatico. Tuttavia, solleva anche preoccupazioni etiche significative, come il rischio di alterazioni impreviste degli ecosistemi o la possibilità che il controllo climatico venga monopolizzato da pochi attori potenti, causando effetti negativi per alcune regioni del mondo. Un esempio è il progetto SPICE (Stratospheric Particle Injection for Climate Engineering) nel Regno Unito, che studia l'iniezione di aerosol stratosferici per riflettere una parte della radiazione solare e mitigare il riscaldamento globale. Tecniche come l'iniezione di aerosol stratosferici o la fertilizzazione degli oceani sono state proposte come interventi per mitigare gli effetti del riscaldamento globale. Tuttavia, queste tecnologie sollevano anche preoccupazioni etiche e politiche, poiché il loro utilizzo potrebbe comportare rischi significativi per gli ecosistemi e per l'equilibrio globale. Chi controlla queste tecnologie e chi decide quando e come utilizzarle diventa una questione cruciale, con implicazioni profonde per la sovranità nazionale e la governance internazionale. La possibilità che poche nazioni o corporazioni possano prendere decisioni che influenzano il clima globale rappresenta un potenziale rischio per la stabilità internazionale, evidenziando la necessità di una regolamentazione globale rigorosa e inclusiva. La geoingegneria, in particolare, potrebbe introdurre nuovi livelli di disuguaglianza, permettendo a pochi di determinare le condizioni climatiche per l'intero pianeta, con effetti potenzialmente catastrofici per alcune regioni.

Un altro aspetto del business del cambiamento climatico è la proliferazione di tecnologie per l'adattamento ai cambiamenti climatici. Sistemi di difesa costiera, infrastrutture resistenti ai disastri, assicurazioni climatiche e soluzioni tecnologiche per la resilienza sono diventati nuovi settori di investimento. Questi strumenti, sebbene cruciali per affrontare le conseguenze del cambiamento climatico, sono spesso disponibili solo per chi può permetterseli, creando una disparità tra chi può proteggersi dai rischi climatici e chi, invece, rimane esposto e vulnerabile. Le tecnologie di adattamento, quindi, anziché ridurre le disuguaglianze, rischiano di accentuarle, offrendo protezione a coloro che hanno le risorse necessarie, mentre lasciano indietro i più poveri.

L'analisi del business del cambiamento climatico mette in luce come, dietro la retorica delle politiche ambientali e della sostenibilità, si celino interessi economici potenti e complessi. Il cambiamento climatico è diventato un mercato, un'opportunità per alcuni di fare profitti mentre altri ne subiscono le conseguenze. Le disuguaglianze esistenti vengono spesso rafforzate dalle stesse politiche climatiche che dovrebbero affrontarle, creando una dinamica in cui i benefici della transizione ecologica sono distribuiti in maniera iniqua. Comprendere il business del clima significa andare oltre la retorica ufficiale e riconoscere le dinamiche di potere e gli interessi economici che influenzano le politiche climatiche. Solo attraverso una riflessione critica sulle strutture economiche sottostanti sarà possibile affrontare la crisi climatica in modo equo e sostenibile, garantendo che la transizione ecologica sia realmente al servizio dell'umanità e non solo di una ristretta élite di privilegiati.

La sfida è quella di costruire un sistema in cui la transizione verso la sostenibilità non sia guidata esclusivamente dal profitto, ma da una visione collettiva di giustizia sociale e ambientale. Per fare ciò, è necessario riconsiderare le strutture economiche e politiche che attualmente determinano le dinamiche del cambiamento climatico e cercare nuove modalità di governance che siano inclusive, trasparenti e orientate al bene comune. La crisi climatica non può essere risolta con le stesse logiche di mercato che l'hanno generata: è necessario un cambiamento di paradigma che metta al centro la giustizia, l'equità e la sostenibilità a lungo termine. Ciò richiede un impegno globale per costruire un'economia che rispetti i limiti planetari e che riconosca il diritto di ogni individuo a un ambiente sano e sostenibile.

La sfida della transizione ecologica è quindi una sfida politica, economica e sociale. Non basta adottare nuove tecnologie o implementare politiche climatiche; è necessario trasformare il modo in cui pensiamo il nostro rapporto con la natura e con gli altri esseri umani. Questo significa riconoscere che il cambiamento climatico non è un problema isolato, ma il sintomo di un sistema economico che ha fallito nel garantire il benessere collettivo. Solo attraverso una trasformazione radicale delle nostre strutture economiche e delle nostre priorità sarà possibile affrontare davvero la crisi climatica, costruendo un futuro che sia sostenibile, giusto e inclusivo per tutti.

Capitolo 7 - Agenda Nascosta: Piani Globali e Sovranità Nazionale

L'intersezione tra le politiche climatiche globali e la sovranità nazionale solleva interrogativi complessi che vanno ben oltre la semplice protezione dell'ambiente. Le decisioni prese a livello internazionale, con l'obiettivo di affrontare il cambiamento climatico, implicano spesso un trasferimento di potere dalle istituzioni nazionali verso organismi sovranazionali, con conseguenze significative per la sovranità degli Stati. Un esempio è l'Accordo di Parigi, che impegna i Paesi firmatari a raggiungere obiettivi di riduzione delle emissioni stabiliti a livello internazionale, limitando la loro autonomia nelle politiche energetiche e ambientali. Questo capitolo esplora la natura dei piani globali sul cambiamento climatico, mettendo in luce le implicazioni per l'autonomia nazionale e per le libertà individuali, evidenziando come queste dinamiche possano influenzare i diritti democratici e la capacità di autodeterminazione degli Stati.

Gli accordi climatici internazionali, come il Protocollo di Kyoto e gli Accordi di Parigi, rappresentano tentativi collettivi di affrontare una crisi che trascende i confini nazionali. Tuttavia, le politiche climatiche globali non sono neutrali; sono, al contrario, il risultato di negoziazioni complesse tra attori con interessi divergenti. Le nazioni più ricche, che hanno contribuito in maniera predominante all'accumulo storico di emissioni di gas serra, tendono a dettare i termini di tali accordi, imponendo standard e obiettivi che spesso risultano insostenibili per i Paesi in via di sviluppo. Questo evidenzia come il cambiamento climatico non sia solo una questione ambientale, ma anche un'arena di confronto geopolitico, in cui il potere economico e politico di alcuni

Paesi prevale su quello di altri. La disparità nelle risorse e nelle capacità tecnologiche tra i Paesi industrializzati e quelli in via di sviluppo mette in luce l'ineguale distribuzione del peso degli obblighi ambientali, creando uno squilibrio che perpetua le disuguaglianze globali. Queste disuguaglianze si estendono anche alla capacità di ciascun Paese di implementare politiche efficaci e resilienti, evidenziando come la transizione verso un'economia verde possa, in alcuni contesti, aggravare ulteriormente le disparità già esistenti.

Le misure per il controllo delle emissioni di carbonio e la transizione verso un'economia verde implicano, in molti casi, l'adozione di regolamenti e normative che limitano la capacità decisionale degli Stati. Le politiche di decarbonizzazione, ad esempio, richiedono investimenti significativi in nuove tecnologie e infrastrutture, spesso finanziati da istituzioni finanziarie internazionali o da grandi corporazioni. Ad esempio, il progetto di cattura e stoccaggio del carbonio in Norvegia, noto come "Northern Lights", è finanziato in parte dalla Banca Europea per gli Investimenti, mostrando come questi attori siano coinvolti direttamente nel supportare iniziative di decarbonizzazione. Questi investimenti comportano inevitabilmente una dipendenza economica e tecnologica che riduce l'autonomia degli Stati, specialmente di quelli che non dispongono delle risorse necessarie per affrontare autonomamente la transizione. La dipendenza da finanziamenti esterni e l'obbligo di conformarsi agli standard internazionali possono compromettere la sovranità nazionale, rendendo i governi vulnerabili alle pressioni esterne e condizionando le politiche interne sulla base di interessi globali. Inoltre, le istituzioni finanziarie, come il Fondo Monetario Internazionale e la Banca Mondiale, possono condizionare i prestiti e gli aiuti finanziari a politiche che non sempre riflettono le priorità nazionali, ma che piuttosto rafforzano l'agenda globale dominante. Questo tipo di dipendenza crea un circolo vizioso, in cui gli Stati meno sviluppati sono costretti a seguire percorsi dettati da interessi esterni, spesso sacrificando le proprie priorità sociali e ambientali.

Un aspetto cruciale è il ruolo delle organizzazioni internazionali e delle ONG nella definizione delle politiche climatiche. Sebbene questi attori abbiano un ruolo importante nella sensibilizzazione e nella promozione di iniziative per la sostenibilità, esercitano spesso un'influenza sproporzionata sulle decisioni politiche. In molti casi, le ONG internazionali collaborano con governi e istituzioni sovranazionali per promuovere misure climatiche che, sebbene presentate come soluzioni universali, non tengono conto delle specificità locali e delle esigenze delle diverse comunità. Ad esempio, l'introduzione di piantagioni di alberi su larga scala in Etiopia ha incontrato resistenze da parte delle comunità locali, poiché tali iniziative hanno spesso ignorato l'uso tradizionale del territorio e le necessità agricole delle popolazioni residenti. La pressione esercitata da questi attori può portare all'adozione di politiche climatiche che privilegiano gli interessi globali rispetto a quelli nazionali o locali, alimentando un senso di frustrazione e sfiducia tra le popolazioni coinvolte. Un esempio è l'introduzione della tassa sul carbonio in Francia, che ha suscitato forti proteste da parte del movimento dei Gilet Gialli, poiché percepita come una misura imposta dall'alto senza un adeguato coinvolgimento delle comunità locali e che ha colpito in particolare le fasce più vulnerabili della popolazione. Questa dinamica di potere asimmetrico evidenzia come, spesso, le politiche climatiche siano formulate e implementate senza un adeguato coinvolgimento delle comunità direttamente interessate, con il rischio di esacerbare le disuguaglianze esistenti. Le politiche universali, che non considerano le realtà culturali, economiche e sociali delle comunità locali, possono risultare inefficaci o addirittura controproducenti, generando resistenze e movimenti di opposizione. In questo contesto, le comunità locali vengono spesso ridotte al ruolo di semplici beneficiari passivi, piuttosto che essere riconosciute come soggetti attivi nel processo di trasformazione climatica.

La narrativa dell'emergenza climatica è spesso utilizzata per giustificare misure straordinarie che limitano le libertà individuali e collettive. Ad esempio, durante la pandemia COVID-19, alcune città hanno imposto limitazioni al traffico automobilistico in nome della riduzione delle emissioni, sollevando preoccupazioni riguardo alla libertà di movimento e al diritto di accesso a spostamenti senza restrizioni. Le restrizioni alla produzione industriale, l'imposizione di tasse sul carbonio, il controllo delle risorse naturali e l'adozione di tecnologie di sorveglianza per monitorare le emissioni sono tutte misure che, se non bilanciate da adeguati meccanismi di controllo democratico, possono portare a una riduzione delle libertà e dei diritti dei cittadini. La giustificazione di queste misure in nome della lotta al cambiamento climatico solleva importanti questioni etiche, in quanto il fine della protezione ambientale viene posto al di sopra dei diritti fondamentali delle persone. È essenziale che la lotta contro il cambiamento climatico non diventi un pretesto per instaurare forme di controllo che limitino la libertà dei cittadini, senza garantire un'effettiva partecipazione democratica e trasparenza. Le tecnologie di sorveglianza, come i sistemi di monitoraggio delle emissioni e i dispositivi di tracciamento del consumo energetico, rappresentano un esempio di come le misure ambientali possano essere sfruttate per introdurre nuove forme di controllo sociale, sollevando preoccupazioni riguardo alla privacy e alla libertà individuale. Ad esempio, il sistema cinese di monitoraggio delle emissioni, che utilizza sensori installati nelle fabbriche per tracciare le emissioni di carbonio in tempo reale, ha sollevato preoccupazioni a livello internazionale per le sue potenziali implicazioni in termini di controllo e sorveglianza statale. Queste misure possono portare a un aumento della sorveglianza statale e aziendale, con il rischio di creare società in cui i cittadini vengono monitorati e controllati in nome della sostenibilità, compromettendo i principi democratici e la fiducia pubblica.

Vi è inoltre una crescente preoccupazione riguardo all'idea di una "governance climatica globale", in cui le decisioni cruciali sul futuro del pianeta vengono prese da un numero ristretto di attori, spesso senza un'adeguata rappresentanza democratica. Ad esempio, la Conferenza delle Parti (COP) delle Nazioni Unite è stata criticata per aver escluso in diverse occasioni le voci delle comunità indigene e locali, le quali sono state direttamente colpite dalle politiche climatiche decise a livello globale. Ad esempio, la Conferenza delle Parti (COP) delle Nazioni Unite è stata criticata per aver escluso in diverse occasioni le voci delle comunità indigene e locali, le quali sono state direttamente colpite dalle politiche climatiche decise a livello globale. Questa governance è caratterizzata dalla centralizzazione del potere decisionale in mani sovranazionali, riducendo la capacità delle comunità locali di partecipare attivamente al processo decisionale. La perdita di sovranità nazionale, combinata con una governance climatica centralizzata, alimenta timori di una possibile "agenda nascosta", in cui il cambiamento climatico diventa un pretesto per rafforzare il controllo su scala globale e limitare la capacità degli Stati e dei cittadini di autodeterminarsi. Questa situazione solleva interrogativi fondamentali sulla legittimità delle decisioni climatiche prese a livello globale e sulla necessità di garantire una rappresentanza equa e inclusiva. Senza un processo decisionale trasparente e partecipativo, le politiche climatiche rischiano di riflettere gli interessi delle élite globali piuttosto che quelli delle comunità più vulnerabili, che sono spesso le più colpite dagli effetti del cambiamento climatico. Le decisioni prese senza un adeguato coinvolgimento delle comunità locali rischiano di perpetuare un modello di governance elitario, in cui le voci dei più vulnerabili vengono sistematicamente escluse dal dibattito pubblico.

È fondamentale, dunque, riconoscere che la lotta al cambiamento climatico non può essere utilizzata come giustificazione per l'accentramento del potere e la limitazione delle libertà. La sfida del cambiamento climatico richiede una cooperazione internazionale autentica, basata sul rispetto della sovranità nazionale e sulla partecipazione democratica. Le soluzioni devono essere inclusive e tenere conto delle diverse realtà locali, evitando approcci uniformi che rischiano di aggravare le disuguaglianze esistenti. Solo attraverso una governance trasparente e partecipativa sarà possibile affrontare la crisi climatica in modo efficace, garantendo al contempo la tutela delle libertà individuali e collettive. Un esempio di modello di governance partecipativa di successo è rappresentato dal Patto dei Sindaci per il Clima e l'Energia, un'iniziativa che coinvolge direttamente le autorità locali nella definizione e implementazione di strategie per la sostenibilità, promuovendo soluzioni adattate alle esigenze specifiche delle comunità. Le comunità locali devono essere coinvolte nel processo decisionale, non solo come destinatari passivi delle politiche climatiche, ma come attori attivi e determinanti nel plasmare le strategie di adattamento e mitigazione. L'inclusione delle comunità locali non è solo una questione di giustizia sociale, ma rappresenta anche un elemento fondamentale per garantire l'efficacia delle politiche climatiche, poiché le soluzioni sviluppate con il coinvolgimento diretto delle popolazioni tendono ad essere più sostenibili e adattabili alle specifiche esigenze territoriali. Ad esempio, il progetto di gestione comunitaria delle risorse forestali in Nepal ha avuto un grande successo grazie al coinvolgimento attivo delle comunità locali, portando a una riduzione della deforestazione e al miglioramento delle condizioni ambientali ed economiche della regione. Inoltre, una maggiore partecipazione delle comunità locali può contribuire a rafforzare il senso di responsabilità collettiva e a promuovere soluzioni che siano realmente radicate nelle necessità e nelle aspirazioni delle persone.

In definitiva, il cambiamento climatico pone sfide che richiedono risposte coordinate a livello globale, ma è essenziale che queste risposte non compromettano la sovranità e i diritti delle nazioni e degli individui. La lotta al cambiamento climatico non deve diventare un pretesto per rafforzare il controllo centralizzato o per imporre un'agenda che privilegia gli interessi di pochi a scapito dei molti. Una risposta efficace alla crisi climatica deve basarsi su principi di giustizia, equità e rispetto per la diversità delle situazioni locali, garantendo che ogni comunità possa partecipare attivamente alla costruzione di un futuro sostenibile. Solo attraverso un vero impegno verso una governance democratica, in cui le voci delle comunità locali siano ascoltate e rispettate, sarà possibile sviluppare soluzioni climatiche che siano sia efficaci sia giuste, promuovendo un equilibrio tra azione globale e autodeterminazione nazionale.

In questo contesto, è necessario ripensare le strutture di governance climatica affinché siano più inclusive e responsabili, tenendo conto delle realtà socio-economiche di tutte le nazioni e promuovendo il dialogo tra tutti gli attori coinvolti. Ciò include la necessità di sviluppare meccanismi di finanziamento che non creino nuove dipendenze, ma che sostengano l'autonomia dei Paesi in via di sviluppo nella loro transizione verso un'economia sostenibile. Inoltre, è fondamentale promuovere l'innovazione locale e l'empowerment delle comunità, affinché possano diventare protagoniste attive nella lotta al cambiamento climatico. La vera sfida consiste nel costruire un modello di governance che riconosca l'interdipendenza globale, ma che al contempo rispetti e valorizzi le diversità locali, promuovendo un approccio multilaterale che sia equo, democratico e sostenibile. Questo richiede anche una maggiore trasparenza nei processi decisionali, affinché tutte le parti interessate possano contribuire in modo significativo e consapevole.

L'autodeterminazione degli Stati e la partecipazione delle comunità devono essere al centro della risposta globale alla crisi climatica. Un approccio basato sull'imposizione dall'alto delle politiche climatiche non solo rischia di fallire nel raggiungere gli obiettivi prefissati, ma può anche minare la coesione sociale e alimentare tensioni politiche. È necessario un cambiamento di paradigma che privilegi la cooperazione orizzontale e il partenariato tra nazioni, comunità e istituzioni, affinché la lotta contro il cambiamento climatico possa diventare un'opportunità per costruire un mondo più giusto, equo e sostenibile per tutti. La creazione di alleanze tra comunità locali, organizzazioni civili e governi nazionali può contribuire a promuovere una visione condivisa e a rafforzare le capacità di risposta a livello territoriale, creando un movimento globale che sia davvero inclusivo e rappresentativo.

Affrontare la crisi climatica richiede una trasformazione profonda delle nostre strutture di governance e delle relazioni di potere esistenti. Solo attraverso un impegno collettivo, che valorizzi le diversità e promuova la partecipazione attiva di tutte le comunità, sarà possibile costruire un futuro sostenibile e resiliente. Il cambiamento climatico non deve essere visto come una minaccia che giustifica l'accentramento del potere, ma come un'opportunità per ripensare le nostre società in termini di equità, giustizia e sostenibilità, creando le condizioni per un mondo in cui tutti possano prosperare in armonia con il pianeta.

Capitolo 8 - Scienza Ufficiale vs. Scienza Alternativa

Il cambiamento climatico rappresenta una delle questioni più complesse e controverse del nostro tempo, non solo per le sue implicazioni ambientali e politiche, come la necessità di regolamentare le emissioni e promuovere la transizione energetica, ma anche per il ruolo della scienza nel definire le risposte da adottare. Questo capitolo esplora il confronto tra la scienza ufficiale, rappresentata dal consenso scientifico dominante, e la scienza alternativa. Le voci della scienza alternativa spesso mettono in discussione alcuni dei principali assunti e delle soluzioni proposte per affrontare la crisi climatica. Il dibattito tra queste due prospettive è fondamentale per comprendere la complessità delle dinamiche ambientali e per valutare criticamente le possibili strade da intraprendere.

La scienza ufficiale, sostenuta da istituzioni come l'IPCC (Intergovernmental Panel on Climate Change), ha delineato un quadro del cambiamento climatico basato su decenni di ricerca sistematica e dati empirici consolidati. Questo approccio sottolinea l'urgenza di ridurre le emissioni di gas serra e di implementare misure di mitigazione per limitare l'aumento delle temperature globali. Il consenso scientifico è corroborato da un ampio corpus di studi che indicano come l'attività umana, in particolare l'uso intensivo di combustibili fossili e la deforestazione, sia la principale causa del riscaldamento globale osservato. Le istituzioni scientifiche ufficiali promuovono un approccio metodologico rigoroso, basato su modelli climatici sofisticati e su una cooperazione internazionale volta a sviluppare strategie di mitigazione condivise e azioni concrete per la transizione energetica.

Tuttavia, accanto alla scienza ufficiale, esiste una vasta gamma di teorie e ricerche alternative che mettono in discussione alcuni degli assunti chiave del consenso mainstream. La cosiddetta "scienza alternativa" sul cambiamento climatico comprende posizioni eterogenee, che spaziano dalle critiche alle previsioni catastrofiche dei modelli climatici, a interpretazioni differenti delle cause e delle dinamiche del riscaldamento globale. Ad esempio, una teoria alternativa suggerisce che il riscaldamento globale sia principalmente influenzato dalle variazioni dell'attività solare, piuttosto che dalle emissioni di gas serra causate dall'uomo. Alcuni scienziati, spesso marginalizzati dalle principali istituzioni accademiche, sostengono che i modelli climatici utilizzati per prevedere il futuro del clima siano troppo incerti. La loro affidabilità, secondo questi scienziati, è compromessa da numerose variabili ancora poco comprese, come l'influenza delle nubi e dei cicli oceanici, che rimangono difficili da modellare con precisione. Altri, invece, pongono l'accento su fattori naturali, come le variazioni dell'attività solare o i cicli oceanici, che potrebbero avere un ruolo più rilevante rispetto a quanto sostenuto dal consenso ufficiale.

Queste posizioni alternative sono generalmente accolte con scetticismo dalle istituzioni ufficiali, che le considerano prive di un solido supporto empirico o come tentativi di disinformazione promossi da interessi economici contrari alle politiche di riduzione delle emissioni. Tuttavia, è fondamentale riconoscere che la scienza è, per sua natura, un campo aperto al dibattito e alla revisione continua. Un esempio è la teoria della deriva dei continenti di Alfred Wegener, inizialmente respinta dalla comunità scientifica, ma successivamente accettata e diventata una delle basi della geologia moderna. La storia della scienza è piena di esempi di teorie inizialmente considerate eretiche o marginali, che successivamente si sono rivelate cruciali per il progresso del sapere umano. In questo senso, anche le voci dissenzienti meritano di essere ascoltate, purché le loro argomentazioni siano fondate su dati solidi e analisi rigorose. La critica costruttiva è essenziale per il processo scientifico, poiché stimola la verifica dei modelli esistenti e l'esplorazione di nuove ipotesi.

Uno degli aspetti più controversi del dibattito tra scienza ufficiale e scienza alternativa riguarda le politiche da adottare per affrontare il cambiamento climatico. Mentre il consenso scientifico promuove una rapida transizione verso fonti energetiche rinnovabili e l'adozione di misure drastiche per ridurre le emissioni, alcune voci alternative suggeriscono che queste politiche potrebbero avere conseguenze economiche e sociali negative, specialmente per i Paesi più vulnerabili. Alcuni critici sostengono che la transizione verso un'economia verde potrebbe essere motivata non solo da una reale necessità ambientale, ma anche da interessi economici e politici, e che le soluzioni proposte potrebbero finire per favorire solo alcuni settori economici, come l'industria delle energie rinnovabili e delle auto elettriche, senza risolvere in maniera equa ed efficace il problema. In particolare, le politiche di decarbonizzazione potrebbero gravare maggiormente sui Paesi in via di sviluppo, che non dispongono delle stesse risorse tecnologiche e finanziarie delle nazioni più industrializzate per implementare la transizione energetica.

Il confronto tra scienza ufficiale e scienza alternativa riflette, in ultima analisi, una tensione più ampia tra differenti visioni del mondo e del rapporto tra essere umano e ambiente. Da un lato, la scienza ufficiale rappresenta un approccio sistematico e razionale, basato su dati empirici, su analisi quantitative e sulla cooperazione internazionale, volto a sviluppare soluzioni collettive per una sfida globale. Dall'altro lato, la scienza alternativa mette in luce la necessità di un approccio critico, che ponga in discussione le narrazioni dominanti e che consideri anche le possibili conseguenze negative delle politiche climatiche. Alcuni sostenitori della scienza alternativa vedono nelle politiche climatiche ufficiali una possibile forma di controllo, in cui le soluzioni proposte non tengono conto delle specificità locali e dei contesti culturali e socio-economici dei diversi Paesi. Questa tensione non deve essere vista necessariamente come un ostacolo, ma come un'opportunità per arricchire il dibattito e per sviluppare soluzioni più equilibrate e inclusive, che siano in grado di rispondere alle esigenze diversificate delle diverse comunità.

Un altro elemento importante del dibattito riguarda la trasparenza e la comunicazione scientifica. Ad esempio, durante la pandemia di COVID-19, la comunicazione riguardante i protocolli di sicurezza e l'efficacia dei vaccini è risultata talvolta confusa e contraddittoria, contribuendo ad alimentare dubbi e diffidenza tra la popolazione. La scienza ufficiale è spesso criticata per il suo linguaggio tecnico e per la difficoltà nel comunicare efficacemente con il grande pubblico. Ad esempio, durante la pandemia di COVID-19, la comunicazione riguardante i protocolli di sicurezza e l'efficacia dei vaccini è risultata talvolta confusa e contraddittoria, contribuendo ad alimentare dubbi e diffidenza tra la popolazione. Questo ha contribuito a creare un divario tra la comunità scientifica e la popolazione, alimentando la diffidenza nei confronti delle istituzioni. La scienza alternativa, al contrario, tende a utilizzare un linguaggio più accessibile, spesso attingendo a esperienze quotidiane e a testimonianze dirette, rendendo così le proprie argomentazioni più comprensibili e vicine al vissuto delle persone. Tuttavia, questa accessibilità può portare alla semplificazione eccessiva di questioni complesse, riducendo la qualità del dibattito e contribuendo alla diffusione di informazioni potenzialmente fuorvianti.

La scienza ufficiale, nel tentativo di produrre modelli climatici sempre più accurati, utilizza tecnologie avanzate e algoritmi complessi che richiedono una notevole capacità computazionale. Un esempio di queste tecnologie è il supercomputer ECMWF (European Centre for Medium-Range Weather Forecasts), utilizzato per elaborare dati climatici e produrre previsioni precise, rendendo possibile simulazioni climatiche su vasta scala. Questo rende i modelli climatici sofisticati e preziosi per le previsioni a lungo termine, ma allo stesso tempo li rende difficili da comprendere per il pubblico non specializzato, alimentando una sorta di "barriera cognitiva". Questa difficoltà nel comprendere i processi scientifici alla base delle previsioni climatiche contribuisce a generare sfiducia tra la popolazione, soprattutto in quelle aree dove la scienza è stata storicamente percepita come distante o elitista. D'altra parte, la scienza alternativa si presenta come una risposta più democratica e vicina ai bisogni della gente comune, facendo leva su dubbi e preoccupazioni per guadagnare consensi, sebbene non sempre supportata da una base empirica robusta.

Il dibattito tra scienza ufficiale e scienza alternativa non è privo di conseguenze politiche. Ad esempio, la discussione sulla riduzione delle emissioni di carbonio ha influenzato le politiche energetiche di molti Paesi, portando alcuni governi a investire massicciamente nelle energie rinnovabili, mentre altri hanno scelto di privilegiare fonti più tradizionali, suscitando forti reazioni e divisioni politiche. I governi devono spesso decidere a quali esperti fare riferimento per adottare politiche di mitigazione e adattamento. Le decisioni politiche basate sul consenso scientifico possono sembrare più sicure e giustificate, ma rischiano di trascurare le preoccupazioni delle comunità che si oppongono a determinati interventi o che sono scettiche riguardo ai benefici delle soluzioni proposte. Un esempio è il caso del Dakota Access Pipeline negli Stati Uniti, dove le preoccupazioni della comunità Sioux di Standing Rock riguardo all'impatto ambientale e ai rischi per le risorse idriche sono state inizialmente ignorate, portando a proteste di massa e a una crescente sfiducia verso le autorità. Questo crea un ulteriore divario tra le politiche ufficiali e le percezioni pubbliche, che può portare a resistenze, proteste e, in alcuni casi, al rifiuto delle misure stesse. Un esempio è rappresentato dalle proteste contro le misure di lockdown e le restrizioni sanitarie durante la pandemia di COVID-19, che sono state percepite da molti come imposizioni ingiuste, causando ampie manifestazioni di dissenso in diversi Paesi. La mancanza di un dialogo aperto e inclusivo tra la comunità scientifica e la popolazione crea un ulteriore divario che alimenta la sfiducia verso le istituzioni. Questo rende più difficile l'adozione di politiche climatiche efficaci e condivise, poiché le preoccupazioni e i bisogni delle diverse comunità non vengono adeguatamente considerati, ostacolando così il consenso necessario per affrontare la crisi climatica.

Capitolo 9 - Eventi Estremi: Coincidenze o Disegni?

Il cambiamento climatico è spesso associato all'aumento della frequenza e dell'intensità degli eventi atmosferici estremi, come uragani, inondazioni, siccità e ondate di calore. Mentre la scienza ufficiale attribuisce questi fenomeni alle alterazioni climatiche causate principalmente dall'attività umana, alcune teorie alternative suggeriscono che vi siano forze occulte dietro questi eventi. In questo capitolo, esploriamo l'ipotesi secondo cui determinati eventi estremi non siano semplicemente il risultato di processi naturali o antropici, ma possano essere intenzionalmente manipolati.

Le teorie sulle manipolazioni climatiche non sono nuove e da anni si diffondono ipotesi riguardanti tecnologie capaci di influenzare il clima e di generare eventi atmosferici estremi. Tra queste, il programma HAARP (High-Frequency Active Auroral Research Program) è spesso citato come un esempio di tecnologia che potrebbe essere utilizzata per alterare il clima. Secondo i teorici del complotto, HAARP potrebbe essere responsabile di fenomeni come uragani e terremoti, sfruttando onde elettromagnetiche per modificare le condizioni atmosferiche o sismiche in aree specifiche del pianeta. Tuttavia, queste affermazioni non sono supportate da prove scientifiche verificabili e rimangono nel campo delle speculazioni. Sebbene tali affermazioni non siano supportate da prove scientifiche solide, continuano a suscitare interesse e preoccupazione, specialmente in contesti in cui gli eventi estremi hanno avuto gravi conseguenze per la popolazione. La persistente attenzione verso questi scenari, nonostante l'assenza di evidenze, riflette una profonda sfiducia nelle istituzioni scientifiche e politiche da parte di una fetta significativa della popolazione.

Un altro elemento che alimenta le teorie sulle manipolazioni climatiche è la controversia riguardante le scie chimiche, note come "chemtrails". Ad esempio, nel 2014, la teoria delle scie chimiche ha guadagnato notevole attenzione mediatica durante una serie di proteste in Germania, in cui i manifestanti accusavano il governo di partecipare a un programma segreto di irrorazione chimica, motivati dalla preoccupazione per un presunto aumento di malattie respiratorie e altri problemi di salute nella popolazione. Secondo i sostenitori di queste teorie, le scie lasciate dagli aerei non sarebbero semplicemente il risultato della condensazione del vapore acqueo, ma conterrebbero sostanze chimiche rilasciate intenzionalmente nell'atmosfera per influenzare il clima o per altri scopi non dichiarati, come il controllo della popolazione o la modifica del comportamento umano. Le scie chimiche sarebbero quindi parte di un programma segreto di geoingegneria, volto a manipolare il clima globale o a sperimentare nuove tecnologie di controllo climatico. Tuttavia, la comunità scientifica ha confutato queste teorie, sottolineando come le analisi delle scie lasciate dagli aerei confermino che si tratta semplicemente di condensazione di vapore acqueo, senza alcuna traccia di sostanze chimiche aggiunte. Anche in questo caso, la comunità scientifica respinge tali affermazioni, evidenziando la mancanza di evidenze concrete e l'incompatibilità di queste ipotesi con le leggi fisiche e chimiche note. Tuttavia, la persistenza di queste teorie indica come la sfiducia verso le autorità possa portare a una reinterpretazione dei fenomeni scientifici, in cui i dati vengono piegati a sostegno di narrazioni alternative.

Le teorie sulle manipolazioni climatiche trovano terreno fertile anche nella percezione pubblica degli eventi estremi. Quando un uragano colpisce una città o una siccità prolungata distrugge raccolti e mezzi di sussistenza, è naturale cercare spiegazioni che vadano oltre il caso o la fatalità. Ad esempio, l'uragano Katrina del 2005 ha suscitato numerose teorie sulla possibile manipolazione climatica, con molti che sospettavano che la sua devastazione a New Orleans fosse il risultato di un esperimento intenzionale di controllo climatico. La sensazione di impotenza di fronte a questi eventi alimenta la convinzione che vi siano forze più grandi e potenti all'opera, spesso con interessi politici o economici nascosti. Queste percezioni si rafforzano quando alcune nazioni o regioni sembrano essere colpite più frequentemente di altre, alimentando sospetti di manipolazioni mirate per destabilizzare economicamente o politicamente specifiche aree del mondo. Le teorie complottiste offrono una narrativa coerente per spiegare queste percezioni di ingiustizia, contribuendo a una lettura alternativa delle dinamiche globali in cui gli eventi atmosferici diventano strumenti di potere e controllo.

Riferimenti storici contribuiscono ulteriormente a sostenere queste teorie. Ad esempio, durante la guerra del Vietnam, gli Stati Uniti svilupparono il progetto 'Operation Popeye', un'operazione segreta mirata a provocare piogge artificiali per ostacolare i movimenti delle truppe nemiche, prolungando la stagione delle piogge e rendendo impraticabili le strade e i campi. Questa operazione, che durò dal 1967 al 1972, dimostra come la manipolazione climatica sia stata effettivamente utilizzata per fini militari, sollevando preoccupazioni etiche sul possibile uso del clima come arma anche oggi. Questo contesto storico dimostra come la manipolazione climatica sia stata effettivamente utilizzata in passato per scopi militari. Durante la guerra del Vietnam, gli Stati Uniti svilupparono il progetto "Operation Popeye", volto a provocare piogge artificiali per ostacolare i movimenti delle truppe nemiche attraverso la manipolazione delle nuvole. Questo esempio di geoingegneria bellica è spesso citato come prova del fatto che è possibile manipolare il clima per scopi strategici. Tuttavia, la manipolazione climatica per scopi strategici è un'ipotesi che non ha conferme concrete per quanto riguarda le tecnologie attuali. Sebbene le tecnologie attuali siano più avanzate e sofisticate rispetto a quelle degli anni '60 e '70, l'idea che il clima possa essere utilizzato come arma continua a preoccupare molte persone, alimentando il timore che eventi estremi possano essere provocati intenzionalmente per perseguire obiettivi geopolitici. La storia della geoingegneria militare rappresenta quindi un importante punto di riferimento per i sostenitori delle teorie del complotto, suggerendo che l'impiego di tecnologie avanzate per alterare il clima non sia soltanto una possibilità teorica, ma un fatto storicamente documentato.

Nonostante la mancanza di prove concrete a sostegno dell'esistenza di un piano deliberato per manipolare il clima e generare eventi estremi, la questione della geoingegneria e del controllo climatico solleva interrogativi etici e politici significativi. La possibilità di influenzare il clima su larga scala comporta enormi rischi e potrebbe avere conseguenze imprevedibili per l'equilibrio ecologico e per le comunità umane. Ad esempio, alterare i modelli di precipitazione potrebbe portare a gravi siccità in alcune aree, danneggiando l'agricoltura locale e mettendo a rischio la sicurezza alimentare delle popolazioni colpite. Anche se le teorie complottiste non trovano riscontro nella letteratura scientifica, rappresentano comunque una manifestazione della sfiducia verso le istituzioni e della preoccupazione per l'uso potenziale delle tecnologie avanzate senza un adeguato controllo democratico. La mancanza di trasparenza nelle ricerche in questo campo e la percezione che le decisioni vengano prese senza un adeguato coinvolgimento pubblico alimentano il timore che la geoingegneria possa essere utilizzata per fini che non tengono conto del bene comune.

Le tecnologie di geoingegneria, come l'inseminazione delle nuvole o la gestione della radiazione solare, sono oggetto di crescente interesse da parte della comunità scientifica come possibili soluzioni per mitigare gli effetti del cambiamento climatico. Un esempio di un progetto attualmente in fase di studio è il progetto di gestione della radiazione solare condotto dall'Università di Harvard, che mira a iniettare particelle riflettenti nell'atmosfera per ridurre la quantità di luce solare che raggiunge la superficie terrestre. Tuttavia, queste tecnologie sono ancora in fase sperimentale e presentano rischi e incertezze significative. Gli effetti collaterali di tali interventi potrebbero essere devastanti e difficili da prevedere, influenzando in modo sproporzionato le comunità più vulnerabili. La possibilità di utilizzi militari o strategici della geoingegneria è un ulteriore motivo di preoccupazione, poiché introduce il rischio che il clima diventi una nuova frontiera di conflitto, in cui le tecnologie climatiche vengano impiegate per ottenere vantaggi geopolitici o per esercitare pressioni su nazioni rivali. Questo scenario apre una serie di dilemmi etici che richiedono una discussione approfondita e una regolamentazione internazionale chiara e condivisa.

L'uso di tecnologie di geoingegneria solleva anche questioni di giustizia ambientale. Ad esempio, il progetto di inseminazione delle nuvole in Cina ha suscitato preoccupazioni tra le comunità locali, che temevano un impatto negativo sulla distribuzione delle precipitazioni, con conseguenze potenzialmente dannose per l'agricoltura e le risorse idriche nelle regioni vicine. Le comunità che hanno contribuito meno al cambiamento climatico sono spesso quelle che rischiano di subire le conseguenze più gravi di interventi tecnologici non regolamentati. La gestione della radiazione solare, ad esempio, potrebbe avere effetti differenti a seconda delle regioni del mondo, creando squilibri climatici che potrebbero danneggiare aree già vulnerabili. Inoltre, la possibilità che queste tecnologie vengano sviluppate e utilizzate senza un consenso globale aumenta il rischio di conflitti internazionali e di tensioni tra nazioni, alimentando la percezione che le decisioni riguardanti il clima siano nelle mani di pochi attori potenti. La gestione di tali tecnologie richiede quindi non solo una comprensione scientifica approfondita, ma anche un quadro normativo che garantisca equità e trasparenza.

La percezione del clima come possibile strumento di controllo politico è alimentata anche dalla crescente disuguaglianza nella distribuzione delle risorse e delle tecnologie necessarie per adattarsi ai cambiamenti climatici. Ad esempio, i Paesi ricchi come i Paesi Bassi hanno investito in sofisticate infrastrutture di difesa contro le inondazioni, utilizzando tecnologie avanzate per proteggere il territorio, mentre molte nazioni in via di sviluppo non dispongono di simili risorse. Ad esempio, il Mozambico è stato gravemente colpito dal ciclone Idai nel 2019, subendo inondazioni devastanti che hanno causato enormi perdite umane ed economiche, proprio a causa della mancanza di infrastrutture adeguate per la gestione delle emergenze climatiche. Mentre le nazioni più ricche possono investire in infrastrutture resilienti e adottare tecnologie avanzate per mitigare gli effetti del cambiamento climatico, molti Paesi in via di sviluppo non hanno queste opportunità. Questo squilibrio alimenta la percezione che le tecnologie di geoingegneria possano essere utilizzate come strumenti di potere, in cui chi ha accesso a tali tecnologie può decidere le sorti del clima. In questo contesto, emerge anche una forte critica al ruolo delle grandi potenze e delle multinazionali, che sembrano avere un controllo sproporzionato sulle risorse e sulle decisioni relative alla gestione climatica globale. Questo controllo viene visto da molti come una forma di neocolonialismo climatico, in cui i Paesi più ricchi determinano le politiche climatiche globali a scapito delle nazioni meno sviluppate, perpetuando disuguaglianze storiche e creando nuove forme di dipendenza.

Le implicazioni etiche della geoingegneria sono profonde e complesse. Quali sono i limiti morali dell'intervento umano sul clima? Chi ha il diritto di decidere se e come intervenire? Queste sono domande cruciali che richiedono una riflessione collettiva e un dibattito inclusivo. La mancanza di un quadro normativo internazionale chiaro rende ancora più urgente la necessità di definire principi condivisi per l'uso della geoingegneria. Senza regole chiare e una governance trasparente, il rischio è che queste tecnologie vengano utilizzate in modo irresponsabile, con conseguenze potenzialmente catastrofiche per l'ambiente e per le popolazioni più vulnerabili. L'assenza di una regolamentazione adeguata potrebbe anche portare a una corsa alla geoingegneria, in cui diversi Paesi competono per sviluppare e utilizzare queste tecnologie senza considerare gli impatti globali.

Inoltre, la questione del consenso è centrale nel dibattito sulla geoingegneria. Chi rappresenta gli interessi delle comunità più vulnerabili, che sono spesso le più colpite dai cambiamenti climatici e dagli interventi di geoingegneria? Come garantire che le decisioni siano prese in modo democratico e inclusivo? La partecipazione delle comunità locali e delle nazioni meno sviluppate è fondamentale per garantire che le politiche climatiche siano giuste e rispettose dei diritti umani. Senza un coinvolgimento attivo di tutte le parti interessate, il rischio è che le decisioni vengano prese da una ristretta élite di esperti e politici, escludendo coloro che subiranno le conseguenze dirette di tali scelte.

Sebbene le attuali tecnologie non siano in grado di provocare eventi climatici estremi su scala globale, è fondamentale che la ricerca in questo campo sia condotta con la massima cautela e sotto una rigorosa supervisione internazionale. La sfida del cambiamento climatico richiede soluzioni innovative, ma queste non devono essere utilizzate come pretesto per sperimentazioni rischiose o per il perseguimento di interessi nascosti. Solo attraverso un approccio trasparente e responsabile sarà possibile affrontare le sfide climatiche in modo equo e sostenibile, evitando di alimentare ulteriormente la sfiducia e le paure della popolazione. La partecipazione delle comunità locali e una governance inclusiva sono elementi essenziali per garantire che le decisioni relative alle tecnologie climatiche siano prese nel rispetto dei diritti umani e del benessere delle generazioni presenti e future. Una governance responsabile e condivisa è la chiave per evitare che il controllo climatico diventi uno strumento di potere nelle mani di pochi, a discapito del pianeta e delle popolazioni più vulnerabili. La sfida è quella di costruire un sistema di governance climatica che sia equo, democratico e capace di rispondere alle esigenze di tutte le nazioni, garantendo che le soluzioni adottate siano sostenibili e giuste per tutti.

Capitolo 10 - Movimenti Ambientalisti: Idealismo o Strumento di Controllo?

I movimenti ambientalisti sono frequentemente percepiti come forze morali e positive, impegnate nella protezione dell'ambiente e nella promozione di pratiche sostenibili per il benessere collettivo del pianeta. Tuttavia, dietro le motivazioni idealistiche e le iniziative tese alla salvaguardia ambientale, esiste una dimensione più complessa e controversa. Questa solleva interrogativi sulla natura e sugli scopi effettivi di questi movimenti. Questo capitolo esplora la duplice natura dei movimenti ambientalisti: da un lato come agenti di cambiamento genuino, dall'altro come potenziali strumenti di controllo nelle mani di interessi economici e politici.

Negli ultimi decenni, l'interesse crescente per le questioni ambientali ha portato alla nascita e alla proliferazione di numerosi movimenti, organizzazioni non governative e gruppi di attivisti impegnati nella difesa degli ecosistemi. Tali movimenti hanno svolto un ruolo cruciale nel sensibilizzare l'opinione pubblica riguardo ai rischi connessi al cambiamento climatico, alla deforestazione, all'inquinamento e alla perdita di biodiversità. Le campagne di sensibilizzazione hanno portato all'adozione di politiche e normative destinate a ridurre l'impatto delle attività umane sull'ambiente. Tuttavia, alcuni critici sostengono che dietro l'immagine pubblica di questi movimenti si celino interessi più intricati, legati a strutture di potere che mirano a controllare il comportamento della popolazione e a consolidare l'accesso a risorse strategiche.

Uno degli aspetti che solleva maggiore perplessità riguarda il finanziamento delle principali organizzazioni ambientaliste.

Molte delle più influenti organizzazioni ecologiste ricevono fondi da grandi fondazioni filantropiche, governi e multinazionali. Ad esempio, Greenpeace ha ricevuto finanziamenti dalla Fondazione Ford e il WWF ha ottenuto supporto economico dalla Shell, sollevando dubbi sull'indipendenza delle loro campagne. Anche la Fondazione Bill e Melinda Gates e la Rockefeller Foundation sono tra i principali finanziatori di iniziative ambientali, sollevando interrogativi sulla possibile influenza degli interessi dei finanziatori sulle campagne promosse. Questa dipendenza economica solleva legittime preoccupazioni circa la loro effettiva indipendenza e sulla possibilità che le campagne da esse promosse siano influenzate dagli interessi di chi le finanzia. In diversi casi, i movimenti ambientalisti sono stati accusati di sostenere politiche che favoriscono specifici settori economici, come quello delle energie rinnovabili, a scapito di altre soluzioni che potrebbero essere altrettanto efficaci ma meno remunerative per gli investitori. Un esempio è la preferenza per i grandi impianti solari ed eolici rispetto a soluzioni come l'agroecologia, che potrebbe offrire benefici ambientali simili ma senza generare lo stesso livello di profitto per i grandi investitori. Tale dinamica fa sorgere il sospetto che l'ambientalismo possa essere strumentalizzato per generare nuove opportunità di profitto e per rafforzare il controllo su risorse naturali cruciali. Un esempio concreto è rappresentato dal mercato delle emissioni di carbonio, che ha creato opportunità significative di profitto per grandi aziende come BP e istituzioni finanziarie come Goldman Sachs, sollevando dubbi sull'effettiva efficacia di queste misure nel ridurre le emissioni globali.

Inoltre, l'ambientalismo viene spesso utilizzato come giustificazione per l'adozione di normative restrittive e di interventi governativi che limitano la libertà delle persone e delle comunità locali. Ad esempio, la costruzione della diga di Belo Monte in Brasile, giustificata in parte come un progetto di energia sostenibile, ha avuto conseguenze devastanti per le comunità indigene locali, che sono state costrette a lasciare le loro terre senza un'adeguata compensazione. Ad esempio, in nome della protezione ambientale, molte aree sono state dichiarate parchi nazionali o riserve, con conseguente sfratto delle popolazioni indigene che vi risiedevano da secoli. Un caso specifico è quello del Parco Nazionale Virunga nella Repubblica Democratica del Congo, dove le comunità locali sono state costrette a lasciare le loro terre per far posto alla conservazione ambientale, spesso senza ricevere compensazioni adeguate. Un caso emblematico è quello del Parco Nazionale del Serengeti in Tanzania, dove le comunità Maasai sono state costrette a lasciare le loro terre tradizionali per far posto alla conservazione ambientale, suscitando forti critiche a livello internazionale. Questi interventi, che privilegiano la conservazione della natura rispetto ai diritti delle comunità locali, sono stati criticati come una forma di "colonialismo verde", in cui gli interessi delle élite globali prevalgono sulle necessità e sui diritti delle popolazioni più vulnerabili. In questo contesto, l'ambientalismo diventa uno strumento di controllo territoriale e sociale, utilizzato per imporre modelli di sviluppo che non tengono conto delle specificità culturali e delle esigenze delle comunità locali, sostituendo le loro pratiche tradizionali con una visione ecologica che riflette le priorità delle potenze globali.

Un ulteriore aspetto controverso riguarda il legame tra i movimenti ambientalisti e le istituzioni internazionali, come le Nazioni Unite e la Banca Mondiale, spesso caratterizzato da collaborazioni e finanziamenti diretti a progetti di conservazione e transizione energetica che possono influenzare le priorità delle politiche ambientali. Ad esempio, il ruolo dell'Unione Europea nell'influenzare le politiche ambientali locali è stato spesso criticato, come nel caso delle normative sulla gestione delle risorse idriche in Spagna, dove le direttive europee hanno imposto restrizioni che hanno avuto un impatto significativo sulle comunità agricole locali. Organizzazioni come le Nazioni Unite e l'Unione Europea hanno adottato molte delle istanze promosse dagli ambientalisti, come la riduzione delle emissioni di carbonio, la protezione della biodiversità e la promozione dell'energia rinnovabile, integrandole nelle loro politiche e programmi. Sebbene questo possa essere visto come un successo per il movimento ambientalista, alcuni critici sostengono che l'integrazione di istanze ecologiste nelle politiche globali faccia parte di un'agenda più ampia volta a centralizzare il potere e a ridurre la sovranità degli Stati nazionali. Secondo questa prospettiva, le politiche ambientali internazionali, pur presentandosi come risposte ai problemi globali, potrebbero in realtà essere funzionali a consolidare il controllo delle istituzioni sovranazionali sulle risorse e sulle politiche dei singoli Paesi, limitando le possibilità degli Stati di autodeterminarsi in ambito ambientale. Un esempio è rappresentato dall'Accordo di Parigi del 2015, che ha imposto vincoli e obiettivi di riduzione delle emissioni agli Stati membri, spesso senza tenere pienamente conto delle specificità economiche e sociali di ogni nazione, limitando così la loro sovranità decisionale in materia ambientale.

Il ruolo delle multinazionali è un altro elemento di cui si deve tenere conto quando si analizza l'evoluzione dei movimenti ambientalisti. Numerose imprese multinazionali hanno adottato pratiche di responsabilità sociale d'impresa (CSR) e si sono dichiarate sostenitrici delle cause ambientali, contribuendo a finanziare campagne e progetti ecologisti. Ad esempio, Coca-Cola ha finanziato iniziative per la conservazione dell'acqua, mentre Apple ha investito in progetti di riforestazione per compensare le proprie emissioni di carbonio. Sebbene queste iniziative possano sembrare genuine, alcuni studiosi sostengono che molte di esse siano motivate da strategie di greenwashing, volte a migliorare l'immagine aziendale senza un reale impegno verso la sostenibilità. Attraverso il finanziamento di organizzazioni ambientaliste e la promozione di iniziative "verdi", le multinazionali cercano di influenzare le priorità dei movimenti ambientalisti, orientandole verso soluzioni che siano compatibili con i loro interessi economici e che, in alcuni casi, possano addirittura garantire loro nuove fonti di profitto. Un esempio è rappresentato dalla campagna di Coca-Cola per la conservazione dell'acqua, che ha sollevato dubbi sulla reale intenzione dell'azienda di affrontare il problema dell'uso intensivo delle risorse idriche nelle proprie operazioni.

Inoltre, la crescente influenza dei movimenti ambientalisti nelle politiche pubbliche ha sollevato questioni relative alla partecipazione democratica e alla rappresentanza. Le decisioni in materia ambientale vengono spesso prese sulla base di un consenso scientifico che può apparire distante dalle esigenze quotidiane delle persone comuni. Un esempio è rappresentato dalle restrizioni sulle emissioni imposte dall'Unione Europea, che hanno avuto un impatto significativo sui settori industriali locali, causando preoccupazioni tra i lavoratori e le comunità che dipendono da queste attività. I movimenti ambientalisti, pur essendo spesso animati da buone intenzioni, rischiano di diventare strumenti di imposizione di agende politiche che non riflettono necessariamente le priorità delle comunità locali. Un esempio è rappresentato dalle politiche di decarbonizzazione imposte a livello nazionale senza adeguate consultazioni locali, come accaduto in alcune regioni minerarie della Polonia, dove le chiusure delle miniere hanno portato a difficoltà economiche e proteste da parte dei lavoratori e delle comunità. Questo rischio è particolarmente evidente nelle politiche di decarbonizzazione e nella transizione energetica, che possono avere un impatto economico e sociale significativo, soprattutto nelle regioni più povere o in quelle dipendenti da industrie tradizionali.

La crescente influenza dei movimenti ambientalisti è anche accompagnata da un processo di istituzionalizzazione che, se da un lato ha consentito di portare le istanze ecologiche all'interno delle agende politiche nazionali e internazionali, dall'altro ha comportato un allontanamento dalle comunità di base e dai movimenti spontanei. Un esempio di questo processo è rappresentato dal movimento Greenpeace, che con il tempo ha dovuto adattarsi alle dinamiche istituzionali, perdendo parte della sua natura radicale e rivoluzionaria a favore di un maggiore riconoscimento politico e istituzionale. La trasformazione dei movimenti ambientalisti in attori istituzionali ha spesso comportato la necessità di compromessi e adattamenti che ne hanno ridotto l'efficacia e l'indipendenza. Questo fenomeno ha generato una tensione interna al movimento stesso, tra coloro che vedono l'istituzionalizzazione come un mezzo per raggiungere obiettivi concreti e coloro che ritengono che il movimento abbia perso la sua forza rivoluzionaria e la sua capacità di sfidare le strutture di potere esistenti. Un esempio di questa tensione si può osservare all'interno del movimento Extinction Rebellion, in cui alcuni membri criticano la crescente cooperazione con le istituzioni governative, vedendola come una compromissione degli ideali originari del movimento.

Un altro elemento da considerare è la relazione tra ambientalismo e tecnologia. La transizione verso un'economia verde ha spesso enfatizzato l'importanza di nuove tecnologie per la produzione di energia rinnovabile, la riduzione delle emissioni e l'efficienza energetica. Tuttavia, questa enfasi sulla tecnologia solleva interrogativi riguardo alla sostenibilità e alla giustizia delle soluzioni proposte. Alcune tecnologie verdi richiedono l'estrazione di risorse naturali rare, come il litio e il cobalto, che sono disponibili principalmente in paesi in via di sviluppo. Ad esempio, l'estrazione di cobalto nella Repubblica Democratica del Congo ha causato gravi problemi sociali e ambientali, tra cui violazioni dei diritti umani, lavoro minorile e inquinamento delle acque. L'estrazione di queste risorse è spesso associata a violazioni dei diritti umani, degrado ambientale e conflitti locali, mettendo in luce le contraddizioni di un ambientalismo che, pur mirando a ridurre l'impatto ambientale globale, finisce per perpetuare dinamiche di sfruttamento e disuguaglianza.

La questione della giustizia ambientale è quindi centrale nel dibattito sui movimenti ambientalisti e sulle loro strategie. Mentre le politiche ambientali internazionali cercano di affrontare problemi come il cambiamento climatico e la perdita di biodiversità, esse rischiano di trascurare le esigenze e i diritti delle comunità locali, soprattutto nei paesi più poveri. La transizione energetica verso le rinnovabili, ad esempio, ha già avuto impatti significativi su comunità che vivono in aree ricche di risorse naturali strategiche. In molti casi, le popolazioni locali non sono state consultate, e le loro preoccupazioni sono state ignorate in nome di un presunto bene collettivo superiore. Questo ha portato a proteste, conflitti e alla crescente percezione che l'ambientalismo sia uno strumento nelle mani delle élite per imporre decisioni dall'alto, senza tenere conto delle specificità locali.

L'aspetto della giustizia ambientale si collega anche alla dimensione della partecipazione democratica. I movimenti ambientalisti devono affrontare la sfida di rappresentare in modo autentico le esigenze delle comunità locali, specialmente quelle più marginalizzate. La partecipazione inclusiva è essenziale per evitare che le politiche ambientali siano calate dall'alto, con il rischio di escludere coloro che subiscono direttamente gli effetti delle crisi ambientali. Le comunità indigene, in particolare, sono spesso le prime a essere colpite dai cambiamenti nelle politiche di gestione del territorio, senza che venga loro riconosciuto un ruolo decisionale adeguato. L'assenza di partecipazione locale mina la legittimità delle politiche stesse e rafforza l'idea che l'ambientalismo sia uno strumento nelle mani di pochi potenti, piuttosto che un movimento di giustizia sociale ed ecologica.

Il legame tra ambientalismo e disuguaglianza globale è un ulteriore aspetto cruciale che merita attenzione. Le iniziative ambientali internazionali, come gli accordi sul clima, spesso non tengono pienamente conto delle differenze tra i paesi sviluppati e quelli in via di sviluppo. I paesi più ricchi, che hanno storicamente contribuito maggiormente all'inquinamento globale, sono in grado di adottare politiche di mitigazione e adattamento che i paesi più poveri non possono permettersi. Questo crea una dinamica di ingiustizia, in cui i costi della transizione verso un'economia sostenibile vengono scaricati sui paesi meno responsabili delle crisi ambientali attuali. Per rendere l'ambientalismo veramente equo, è necessario riconoscere queste disuguaglianze storiche e attuare politiche che supportino i paesi in via di sviluppo nella transizione energetica, garantendo loro accesso a tecnologie sostenibili, finanziamenti agevolati, e risorse per l'adattamento climatico. Inoltre, è fondamentale promuovere il trasferimento di conoscenze e competenze tecniche per permettere a questi paesi di sviluppare soluzioni locali, adattate alle loro specifiche esigenze e contesti, al fine di garantire una transizione giusta e inclusiva.

Capitolo 11 - Tecnologie Soppresse ed Energie Alternative

Il tema delle tecnologie soppresse e delle energie alternative è caratterizzato da una complessità intrinseca che ha alimentato una vasta gamma di speculazioni, ipotesi e controversie. Quali tecnologie potrebbero realmente trasformare il modo in cui produciamo e consumiamo energia? E perché tali innovazioni non hanno avuto una diffusione su larga scala? In questo capitolo, ci proponiamo di esplorare il potenziale delle energie alternative e di analizzare le forze economiche, politiche e sociali che potrebbero aver ostacolato la loro adozione e implementazione.

Negli ultimi decenni, una serie di invenzioni e tecnologie sono state descritte come possibili soluzioni rivoluzionarie per affrontare le sfide energetiche del mondo contemporaneo. Alcune di queste tecnologie, come il motore a idrogeno, il motore a combustione di acqua e la cosiddetta "free energy", sono state al centro di un grande interesse pubblico, anche in assenza di un solido supporto scientifico. Alla base di molte di queste speculazioni vi è la convinzione che tecnologie capaci di generare energia pulita e abbondante siano state deliberatamente soppresse da interessi economici e politici, come quelli delle grandi compagnie petrolifere e delle istituzioni finanziarie, al fine di mantenere il controllo sul mercato energetico globale e garantire la dipendenza dalle fonti energetiche tradizionali. Un esempio spesso citato è quello dell'inventore Stan Meyer, che negli anni '90 sviluppò un'auto alimentata ad acqua. Sebbene Meyer affermasse che la sua invenzione avrebbe potuto rivoluzionare l'industria energetica, il progetto non raggiunse mai la produzione di massa, e Meyer morì in circostanze misteriose, alimentando sospetti di soppressione tecnologica.

L'industria dei combustibili fossili, con il suo valore di mercato di trilioni di dollari e la sua vasta influenza politica, è spesso considerata il principale ostacolo alla diffusione delle energie alternative. Un esempio è il lobbying delle compagnie petrolifere negli Stati Uniti contro la promozione dei veicoli elettrici negli anni '90, che ha contribuito a limitare gli incentivi per le auto elettriche e a rallentare la loro adozione. Le compagnie petrolifere e del gas avrebbero un chiaro interesse a impedire l'adozione di tecnologie che potrebbero minacciare il loro predominio sul settore energetico globale. Le accuse di soppressione tecnologica si fondano su vari episodi, tra cui brevetti acquistati e mai sviluppati, come il caso del brevetto del motore a combustione d'acqua di Stanley Meyer, e testimonianze di inventori che affermano di essere stati intimiditi o ostacolati nel portare avanti le proprie ricerche. Sebbene non tutte queste accuse possano essere verificate con certezza, il quadro che emerge suggerisce l'esistenza di una rete di interessi consolidati che operano per preservare lo status quo energetico e garantire il perpetuarsi del modello economico esistente. Ad esempio, accuse riguardanti l'acquisto di brevetti per tecnologie innovative e il loro mancato sviluppo sembrano avere una base concreta, come nel caso del brevetto del motore a combustione d'acqua di Stanley Meyer.

Uno degli esempi più frequentemente citati di tecnologia soppressa è quello della cosiddetta "free energy", una forma di energia teorica che potrebbe essere estratta dal vuoto quantistico o da altre fonti non convenzionali. Figure storiche come Nikola Tesla hanno ispirato generazioni di scienziati e ricercatori con l'idea che l'energia possa essere resa disponibile ovunque e a basso costo, se non gratuitamente. Tesla, in particolare, aveva sviluppato progetti per la trasmissione di energia elettrica senza fili, utilizzando la ionosfera come conduttore naturale. Sebbene questi esperimenti non abbiano mai portato a un'applicazione su larga scala, molti ritengono che il lavoro di Tesla sia stato deliberatamente ignorato o bloccato dalle autorità e dagli interessi economici del suo tempo, poiché una tecnologia che avrebbe reso l'energia universalmente accessibile avrebbe minacciato le fondamenta del sistema economico basato sulle risorse scarse e monetizzabili. Tuttavia, è importante notare che le difficoltà tecniche e scientifiche, come la dispersione dell'energia e la mancanza di mezzi per controllare efficacemente la trasmissione a lunga distanza, hanno probabilmente giocato un ruolo significativo nel limitare il successo di queste tecnologie.

Accanto a queste teorie sulle tecnologie soppresse, vi sono esempi concreti di tecnologie alternative che hanno affrontato notevoli resistenze e ostacoli. Un esempio è rappresentato dal solare fotovoltaico, che inizialmente ha affrontato difficoltà significative per via degli elevati costi di produzione e della mancanza di incentivi, oltre alla forte opposizione delle industrie dei combustibili fossili. L'energia solare e quella eolica, che oggi sono considerate tecnologie cruciali per la transizione energetica globale, hanno avuto un percorso di sviluppo lungo e difficile, caratterizzato da opposizione e resistenza da parte dell'industria energetica tradizionale. Un esempio è rappresentato dalla campagna di lobbying contro i pannelli solari negli anni '80 da parte delle compagnie petrolifere negli Stati Uniti, che cercarono di limitare gli incentivi fiscali e rallentare la diffusione di questa tecnologia. Per decenni, le energie rinnovabili sono state classificate come economicamente non competitive rispetto ai combustibili fossili, e solo grazie a incentivi governativi, pressioni politiche e miglioramenti tecnologici è stato possibile farle emergere come alternative credibili e sostenibili. Questo solleva interrogativi su quante altre tecnologie potrebbero essere state bloccate o ritardate da interessi consolidati, e su quanto il progresso tecnologico sia determinato dalle dinamiche di mercato piuttosto che dal potenziale intrinseco delle innovazioni.

L'aspetto economico e politico del controllo energetico è strettamente legato alla sicurezza nazionale e alla geopolitica. Le risorse energetiche, soprattutto il petrolio e il gas naturale, sono state al centro di conflitti e strategie di potere per secoli. La transizione verso nuove forme di energia, come le rinnovabili, rischia di alterare equilibri economici e geopolitici consolidati, portando a potenziali conseguenze sia per i produttori sia per i consumatori di energia. Le nazioni la cui economia si basa sull'esportazione di combustibili fossili potrebbero vedere diminuire la loro influenza politica in un contesto internazionale che abbraccia sempre più le energie alternative. La lentezza con cui molte innovazioni energetiche vengono accettate e integrate nel sistema economico globale può essere attribuita, almeno in parte, alla necessità di gestire questa transizione in modo che non destabilizzi eccessivamente i mercati globali e le alleanze politiche preesistenti. Un esempio è l'adozione dell'energia nucleare da fusione, che ha subito ritardi significativi a causa delle preoccupazioni geopolitiche e degli enormi investimenti richiesti, rendendo difficile per molti paesi impegnarsi in questo tipo di tecnologia. Il rischio di destabilizzazione rappresenta un ostacolo significativo alla diffusione di tecnologie che potrebbero rendere l'energia più accessibile e sostenibile.

È importante considerare anche la natura sistemica del problema. La struttura stessa del sistema energetico globale è stata costruita intorno alle infrastrutture dei combustibili fossili, e qualsiasi cambiamento radicale incontra inevitabilmente la resistenza di coloro che beneficiano di questo status quo. La soppressione delle tecnologie non si manifesta solo attraverso il blocco diretto, ma anche attraverso la riduzione degli investimenti nella ricerca e lo scoraggiamento di iniziative imprenditoriali nel campo delle energie alternative. L'inerzia istituzionale e la riluttanza al cambiamento sono potenti forze che contribuiscono a limitare l'adozione di soluzioni innovative.

Un altro esempio di tecnologia che ha affrontato ostacoli significativi è rappresentato dall'energia nucleare, in particolare quella derivante dai reattori a fusione. Questi ostacoli includono non solo le sfide tecniche, ma anche motivi politici ed economici, come la riluttanza dei governi a investire in una tecnologia percepita come rischiosa e costosa, oltre alle difficoltà legate alla competizione con altre fonti di energia più consolidate. Il progetto ITER, uno dei più ambiziosi progetti di ricerca sulla fusione nucleare, ha subito ripetuti ritardi e difficoltà tecniche, evidenziando le sfide scientifiche e politiche legate allo sviluppo di questa tecnologia. La fusione nucleare è stata a lungo considerata la "fonte di energia del futuro" grazie al suo potenziale di produrre grandi quantità di energia senza le emissioni di carbonio associate ai combustibili fossili. Tuttavia, il suo sviluppo è stato rallentato da una serie di problemi tecnici e da una mancanza di investimenti continui. Alcuni sostengono che, oltre alle sfide scientifiche e tecnologiche, vi siano stati anche ostacoli politici e burocratici che hanno impedito il progresso della fusione come fonte di energia competitiva. La complessità e il costo elevato dei progetti di ricerca sulla fusione hanno scoraggiato molti governi e istituzioni dall'impegnarsi in questa direzione, privilegiando invece soluzioni più immediate e meno rischiose.

Inoltre, la transizione verso un sistema energetico più sostenibile richiede anche un cambiamento culturale profondo. Un esempio di un cambiamento culturale passato che ha facilitato l'adozione di una nuova tecnologia è l'accettazione delle automobili agli inizi del XX secolo. Nonostante iniziali preoccupazioni riguardo alla sicurezza e ai costi, la crescente popolarità delle automobili, supportata da infrastrutture come le strade e i distributori di carburante, ha portato a un cambiamento radicale nel modo in cui le persone si spostavano e vivevano. La dipendenza dai combustibili fossili non è solo una questione di infrastrutture, ma è anche profondamente radicata nelle abitudini e nelle aspettative delle società moderne. Ad esempio, l'uso quotidiano dell'automobile privata, il riscaldamento domestico con gas naturale e la dipendenza da prodotti plastici sono tutte manifestazioni di queste abitudini, che rendono difficile immaginare un cambiamento radicale senza una trasformazione culturale. Le tecnologie alternative, per essere adottate su vasta scala, devono essere percepite come affidabili e convenienti, e questo richiede un cambiamento di mentalità che non avviene da un giorno all'altro. Un esempio di come un cambiamento di mentalità abbia facilitato l'adozione di una tecnologia è rappresentato dall'energia solare. Inizialmente considerata costosa e poco efficiente, il crescente interesse del pubblico e gli incentivi governativi hanno contribuito a cambiare la percezione e a rendere il solare una delle principali fonti di energia rinnovabile. La resistenza al cambiamento, sia da parte dei consumatori sia da parte delle istituzioni, rappresenta un ulteriore ostacolo alla diffusione delle innovazioni energetiche.

Il tema delle tecnologie soppresse e delle energie alternative rappresenta dunque una delle questioni più affascinanti e controverse del nostro tempo. Sebbene molte delle teorie sulla soppressione tecnologica siano difficili da verificare, esse sollevano interrogativi legittimi su come il potere economico e politico influenzi il progresso scientifico e tecnologico. La lotta per l'accesso a fonti energetiche pulite e sostenibili non è solo una questione tecnica, ma anche una battaglia per la giustizia economica e sociale. Garantire che le innovazioni non siano ostacolate da interessi consolidati è essenziale per creare un sistema energetico aperto e inclusivo, in cui il progresso tecnologico sia guidato dalle esigenze dell'umanità piuttosto che dagli interessi di pochi privilegiati.

La sfida del futuro sarà quella di costruire un paradigma energetico in grado di integrare le esigenze ambientali, economiche e sociali, promuovendo un approccio equo e sostenibile all'innovazione tecnologica. Questo richiederà non solo lo sviluppo di nuove tecnologie, ma anche una revisione critica dei meccanismi di potere e delle strutture di governance che attualmente regolano il settore energetico. Solo attraverso un impegno collettivo e una visione a lungo termine sarà possibile superare le barriere che hanno finora limitato la diffusione delle energie alternative e garantire un futuro in cui l'accesso all'energia sia un diritto di tutti, e non un privilegio di pochi.

Per promuovere la transizione energetica, occorrerà anche un'azione politica coordinata a livello internazionale. Le politiche energetiche nazionali dovranno essere integrate in una strategia globale che tenga conto delle diverse realtà economiche e sociali, garantendo che le soluzioni tecnologiche siano accessibili a tutti i paesi, compresi quelli in via di sviluppo. La cooperazione internazionale sarà fondamentale per superare le barriere economiche e tecniche e per assicurare che nessun paese rimanga indietro nella transizione verso un futuro energetico più sostenibile.

Un altro aspetto cruciale riguarda la necessità di aumentare la consapevolezza pubblica sui benefici delle energie alternative e sulle problematiche legate all'attuale sistema energetico. L'educazione e la sensibilizzazione sono strumenti essenziali per promuovere un cambiamento culturale che supporti l'adozione di nuove tecnologie. I cittadini devono essere informati sui vantaggi delle energie rinnovabili e sulle opportunità offerte dalle tecnologie emergenti, così da poter partecipare attivamente al processo di transizione energetica. Un esempio di programma educativo di successo è rappresentato dall'iniziativa Solar Schools nel Regno Unito, che ha sensibilizzato studenti e comunità locali sui benefici dell'energia solare, contribuendo all'adozione di pannelli solari nelle scuole e aumentando la consapevolezza sull'energia sostenibile. Solo attraverso una partecipazione consapevole e attiva della società civile sarà possibile creare una pressione sufficiente per superare gli ostacoli posti dagli interessi consolidati.

Inoltre, la ricerca e lo sviluppo di nuove tecnologie energetiche richiedono un sostegno finanziario significativo. I governi e le istituzioni internazionali devono investire nella ricerca per esplorare nuove fonti di energia e migliorare l'efficienza delle tecnologie esistenti. Questo significa aumentare i finanziamenti per i progetti di ricerca e innovazione, nonché creare incentivi per le imprese che sviluppano soluzioni energetiche sostenibili. La collaborazione tra settore pubblico e privato sarà essenziale per accelerare il progresso tecnologico e garantire che le innovazioni raggiungano il mercato in tempi brevi.

La sfida non riguarda solo la produzione di energia, ma anche il modo in cui essa viene distribuita e utilizzata. La decentralizzazione della produzione energetica, ad esempio, potrebbe rappresentare un'importante opportunità per ridurre la dipendenza dai grandi produttori e per aumentare la resilienza del sistema energetico. Un esempio concreto è rappresentato dal progetto Enercoop in Francia, una cooperativa energetica che permette ai cittadini di produrre e consumare energia rinnovabile localmente, promuovendo così l'indipendenza energetica e il coinvolgimento attivo delle comunità. Le tecnologie come il solare fotovoltaico e l'eolico offrono la possibilità di produrre energia localmente, riducendo la necessità di grandi infrastrutture di trasmissione e distribuendo i benefici economici tra le comunità locali. La promozione di sistemi energetici distribuiti potrebbe contribuire a democratizzare l'accesso all'energia e a ridurre le disuguaglianze esistenti. Un esempio concreto è rappresentato dalle microgrid in Kenya, che hanno portato energia elettrica a comunità rurali precedentemente non servite dalla rete nazionale, migliorando la qualità della vita e promuovendo lo sviluppo economico locale.

In conclusione, il tema delle tecnologie soppresse e delle energie alternative solleva questioni fondamentali sulla natura del potere economico e politico e sulle sfide che l'umanità deve affrontare per garantire un futuro sostenibile. La transizione verso un sistema energetico più giusto e sostenibile richiederà un cambiamento radicale non solo nelle tecnologie che utilizziamo, ma anche nelle strutture di potere che regolano il settore energetico. Sarà necessaria una visione collettiva e a lungo termine, sostenuta da un impegno deciso da parte di governi, istituzioni, imprese e cittadini. Solo attraverso un approccio inclusivo e partecipativo sarà possibile superare le barriere poste dagli interessi consolidati e garantire che l'accesso all'energia diventi un diritto universale, capace di promuovere il benessere e la prosperità per tutti.

Capitolo 12 - Il Grande Fratello Ecologico

L'emergere di un nuovo paradigma di sorveglianza e controllo, giustificato dalla tutela ambientale, solleva profondi interrogativi sulle reali motivazioni alla base di molte politiche ecologiche contemporanee. Queste includono le zone a basse emissioni, il monitoraggio digitale dei consumi energetici e l'uso di telecamere per il controllo del traffico. Questo capitolo indaga il concetto di "Grande Fratello Ecologico", in cui le preoccupazioni ambientali vengono strumentalizzate per implementare sistemi di monitoraggio capillare che non solo regolano il comportamento individuale, ma ridefiniscono anche le dinamiche del controllo sociale, ponendo nuove sfide all'equilibrio tra sicurezza, privacy e libertà individuale.

La crescente attenzione verso la crisi climatica e la necessità di implementare politiche ecologiche ha comportato un incremento significativo nella raccolta e nell'analisi di dati relativi alle attività che impattano sull'ambiente. Strumenti come i contatori intelligenti, le telecamere per il monitoraggio del traffico, i sistemi di rilevamento dell'inquinamento atmosferico e le app per il tracciamento della mobilità individuale sono stati presentati come soluzioni necessarie per ottimizzare l'efficienza energetica e ridurre le emissioni. Tuttavia, dietro questa retorica apparentemente innocua, vi è il rischio concreto che tali tecnologie possano favorire pratiche di sorveglianza sistematica che compromettono profondamente le libertà individuali e sociali. La pervasività di tali strumenti e l'enorme mole di dati raccolti pongono una serie di questioni etiche e giuridiche che meritano un'attenzione approfondita.

I contatori intelligenti, per esempio, consentono alle compagnie energetiche di monitorare in tempo reale il consumo energetico domestico, promuovendo la riduzione degli sprechi e l'ottimizzazione delle risorse. Ad esempio, in Italia, l'adozione dei contatori intelligenti ha portato a una riduzione significativa dei consumi energetici, grazie alla maggiore consapevolezza dei cittadini sui loro consumi e all'ottimizzazione della distribuzione dell'energia. Tuttavia, questi dispositivi possono anche raccogliere dati sensibili sulle abitudini quotidiane degli individui, come i momenti di permanenza in casa o le attività svolte. Queste informazioni, se utilizzate impropriamente, rappresentano una minaccia significativa per la privacy, consentendo alle autorità o alle aziende private di tracciare e analizzare dettagli della vita delle persone che dovrebbero rimanere privati. Un esempio è il caso di Cambridge Analytica, in cui dati raccolti per scopi apparentemente innocui sono stati utilizzati impropriamente per influenzare comportamenti e decisioni politiche, evidenziando il rischio di abuso delle informazioni raccolte. Questo solleva preoccupazioni sulla possibile estensione del controllo tecnologico oltre i limiti necessari e giustificabili, trasformando una misura apparentemente volta al miglioramento dell'efficienza energetica in uno strumento potenzialmente invasivo, che mina la sfera privata e l'autonomia individuale.

Un altro esempio emblematico è rappresentato dai sistemi di monitoraggio del traffico e delle emissioni veicolari. In molte città, sensori sono stati installati per rilevare i livelli di inquinamento e monitorare i flussi di traffico, con l'obiettivo di migliorare la qualità dell'aria e ridurre l'impatto ambientale. Tuttavia, questi strumenti possono facilmente essere utilizzati per tracciare i movimenti dei cittadini, creando una rete di controllo onnipresente capace di seguire gli spostamenti individuali con estrema precisione.

L'introduzione delle zone a basse emissioni, come quella implementata a Londra, dove solo determinati veicoli possono accedere, rappresenta un'ulteriore dimostrazione di come politiche formalmente ecologiche possano essere utilizzate per limitare la libertà di movimento e introdurre forme di discriminazione economica. Queste restrizioni penalizzano in particolare le persone con redditi più bassi, che non possono permettersi di acquistare veicoli conformi alle nuove normative, accentuando così le disparità economiche e sociali. A Londra, le critiche si sono concentrate sul fatto che le restrizioni penalizzano le persone con redditi più bassi, che non possono permettersi di acquistare veicoli conformi alle nuove normative, penalizzando chi non ha le risorse per adeguarsi alle nuove normative. Tale dinamica sottolinea come la transizione ecologica possa diventare un terreno fertile per nuove forme di esclusione e disparità sociale, che richiedono una regolamentazione attenta e inclusiva per evitare ulteriori disuguaglianze.

L'espansione della sorveglianza ecologica non si limita al monitoraggio fisico degli spazi pubblici, ma si estende anche alla sfera digitale e al controllo del comportamento individuale. Le app che tracciano l'impronta ecologica degli utenti, come ad esempio l'app "JouleBug" che incoraggia comportamenti ecologici premiando gli utenti per le azioni sostenibili, spesso promosse come strumenti per aumentare la consapevolezza ambientale, raccolgono dati dettagliati sui comportamenti quotidiani. Queste informazioni possono essere utilizzate per incentivare alcune pratiche e penalizzarne altre, creando una forma di "credito sociale" basata sull'impatto ambientale delle azioni individuali. Ad esempio, il sistema di credito sociale in Cina è stato utilizzato per valutare i comportamenti dei cittadini, premiando quelli considerati virtuosi e penalizzando quelli ritenuti dannosi, il che evidenzia come un sistema simile applicato all'ambiente potrebbe comportare rischi per la libertà individuale. Un tale sistema rischia di trasformare la lotta al cambiamento climatico in un meccanismo di controllo delle masse, con la possibilità di introdurre sanzioni e premi in base alla conformità a standard ecologici stabiliti da istituzioni centrali, con evidenti implicazioni etiche e sociali. L'idea di un sistema di credito sociale ambientale non solo solleva dubbi sulla violazione della privacy, ma pone anche la questione della giustizia e dell'uguaglianza: chi stabilisce gli standard e chi ha il potere di decidere quali comportamenti sono virtuosi o riprovevoli?

Le tecnologie emergenti, come l'intelligenza artificiale e l'Internet of Things (IoT), stanno ulteriormente amplificando la capacità di sorveglianza ecologica. Attraverso l'integrazione di sensori, algoritmi di machine learning e dispositivi connessi, si può raccogliere e analizzare una quantità senza precedenti di dati, offrendo strumenti potenti per il monitoraggio ambientale ma anche per il controllo sociale. L'uso di droni per verificare il rispetto delle normative ambientali, come il divieto di costruzioni abusive in aree protette, rappresenta un esempio concreto di come queste tecnologie possano essere impiegate per scopi di sorveglianza diretta, sollevando questioni critiche sulla legittimità e sull'efficacia di tali pratiche. Se da un lato è innegabile l'utilità di questi strumenti per la tutela dell'ambiente, dall'altro il loro potenziale abuso rappresenta un rischio tangibile per la libertà degli individui. Inoltre, la capacità di analizzare grandi quantità di dati attraverso algoritmi complessi crea un'ulteriore asimmetria di potere tra chi raccoglie e gestisce i dati e i cittadini, che spesso non hanno né la consapevolezza né il controllo su come le loro informazioni vengono utilizzate.

La retorica della protezione ambientale viene spesso utilizzata per giustificare l'espansione di questi sistemi di sorveglianza, ma è fondamentale riflettere sui rischi che tali tecnologie comportano per la libertà e la privacy delle persone. Ad esempio, l'uso di telecamere di sorveglianza per monitorare le emissioni delle auto è stato introdotto in alcune città con l'obiettivo di ridurre l'inquinamento. Tuttavia, questo sistema ha sollevato preoccupazioni sulla privacy, poiché consente di tracciare i movimenti dei cittadini in modo dettagliato, creando un potenziale rischio di abuso delle informazioni raccolte. Chi controlla i dati raccolti? Chi decide come utilizzarli? E quali garanzie esistono che questi strumenti non vengano impiegati per scopi diversi da quelli dichiarati? La concentrazione del potere decisionale nelle mani di pochi attori, spesso non trasparenti, rappresenta una minaccia concreta per i diritti individuali, e il rischio è che la crisi climatica diventi un pretesto per introdurre nuove forme di autoritarismo tecnologico. La questione cruciale riguarda non solo la tutela dell'ambiente, ma anche la protezione delle libertà civili e il rispetto della dignità umana. Occorre una riflessione approfondita su chi possiede l'accesso e il controllo dei dati raccolti, e su come si possa garantire un uso etico e responsabile di tali informazioni.

Il "Grande Fratello Ecologico" rappresenta, dunque, una delle sfide più complesse e ambigue del nostro tempo. Se è indubbio che la crisi climatica richieda soluzioni rapide e incisive, è altrettanto fondamentale che tali soluzioni non compromettano i diritti fondamentali delle persone. La transizione verso un mondo più sostenibile non può e non deve diventare una giustificazione per l'espansione del controllo sociale e la limitazione delle libertà individuali. Ciò richiede lo sviluppo di un approccio equilibrato, in cui la tecnologia sia veramente al servizio dell'ambiente e delle persone, e in cui sia garantita una governance trasparente e responsabile. La gestione dei dati deve essere soggetta a controlli democratici che permettano ai cittadini di avere voce in capitolo su come le loro informazioni vengono raccolte e utilizzate, e deve essere garantito il diritto alla privacy anche in un contesto di emergenza climatica.

La soluzione a questa problematica risiede nella necessità di un controllo democratico e partecipativo sull'uso delle tecnologie di sorveglianza ambientale. La trasparenza sui dati raccolti e sulle loro finalità è essenziale per garantire che l'adozione di questi strumenti avvenga nel rispetto dei diritti umani e delle libertà fondamentali. Devono essere stabiliti chiari limiti e salvaguardie per impedire l'abuso dei dati raccolti, assicurando che le finalità dichiarate siano esclusivamente quelle di protezione ambientale. Inoltre, un uso etico della tecnologia richiede un coinvolgimento attivo della cittadinanza, che deve essere informata e coinvolta nei processi decisionali che riguardano la gestione del territorio e delle risorse. I cittadini devono essere messi in condizione di comprendere il funzionamento delle tecnologie utilizzate e di partecipare attivamente alla definizione delle normative che regolano il loro impiego. Senza un coinvolgimento diretto e consapevole, il rischio è che le decisioni vengano prese unilateralmente da istituzioni o aziende con interessi specifici, che potrebbero non coincidere con il bene collettivo.

La sfida è dunque quella di costruire un modello di sorveglianza ambientale che sia efficace nel mitigare la crisi climatica senza ledere i diritti fondamentali delle persone. Un esempio di modello bilanciato è quello adottato in alcune città della Svezia, dove il monitoraggio ambientale è stato implementato con un forte coinvolgimento dei cittadini e la trasparenza sull'uso dei dati raccolti, garantendo che le tecnologie vengano utilizzate esclusivamente per migliorare la qualità ambientale senza invadere la privacy dei cittadini. Questo significa promuovere soluzioni tecnologiche che rispettino la privacy, incoraggiando allo stesso tempo la responsabilità individuale e collettiva verso l'ambiente. È essenziale che la transizione ecologica sia accompagnata da una riflessione critica sulle implicazioni sociali ed etiche dell'uso delle tecnologie di monitoraggio, per evitare che la lotta al cambiamento climatico diventi uno strumento di controllo piuttosto che un'opportunità di emancipazione e giustizia sociale. La tecnologia deve essere considerata come un mezzo per migliorare la qualità della vita e non come un fine in sé, e ogni decisione sull'utilizzo di strumenti di monitoraggio deve essere ponderata attentamente, valutando sia i benefici ambientali sia i potenziali rischi per la società.

Mentre la crisi ambientale impone scelte radicali e un cambiamento delle politiche globali, è cruciale garantire che queste scelte siano compatibili con la protezione delle libertà individuali. La tecnologia deve essere uno strumento per migliorare la qualità della vita e per salvaguardare il pianeta, non un mezzo per limitare la libertà umana. Solo attraverso un impegno collettivo e la creazione di meccanismi di controllo democratico sarà possibile costruire un futuro in cui la sostenibilità e la libertà possano coesistere in equilibrio. La sfida sarà quella di trovare un equilibrio tra il bisogno urgente di intervenire contro il cambiamento climatico e la necessità di preservare i diritti fondamentali delle persone, garantendo che il progresso verso un futuro sostenibile non diventi una scusa per l'erosione delle libertà civili. La responsabilità collettiva, la trasparenza e il rispetto dei diritti umani devono essere al centro di ogni iniziativa tecnologica, affinché il percorso verso la sostenibilità sia un cammino condiviso e giusto per tutti.

In definitiva, il futuro della sorveglianza ambientale e del controllo tecnologico dipende dalla nostra capacità di costruire un sistema che promuova una cultura della responsabilità collettiva senza sacrificare la libertà individuale. Dobbiamo porci la domanda: come possiamo utilizzare al meglio queste tecnologie per il bene del pianeta, senza cadere nella tentazione di controllare eccessivamente ogni aspetto della vita umana? La risposta richiede uno sforzo concertato tra governi, istituzioni, aziende e cittadini, con l'obiettivo comune di creare un equilibrio armonioso tra progresso tecnologico, tutela ambientale e rispetto dei diritti umani. La chiave per affrontare questa sfida è la trasparenza, la partecipazione democratica e l'impegno a utilizzare la tecnologia come strumento per l'emancipazione, non come mezzo di controllo.

Il coinvolgimento della comunità internazionale è fondamentale per garantire che le politiche e le pratiche di sorveglianza ambientale siano giuste e uniformi in tutto il mondo. La cooperazione tra nazioni è essenziale per sviluppare linee guida etiche condivise e standard di protezione dei dati che possano essere applicati universalmente. La mancanza di una regolamentazione internazionale armonizzata rischia di creare disparità tra paesi che adottano approcci più rigorosi alla protezione della privacy e paesi in cui i diritti dei cittadini potrebbero essere meno tutelati. Solo attraverso una cooperazione internazionale sarà possibile garantire che il progresso verso la sostenibilità sia equo e rispettoso dei diritti umani ovunque.

Un altro aspetto cruciale riguarda l'educazione e la consapevolezza pubblica. È fondamentale che le persone siano informate sulle tecnologie che influenzano la loro vita e che possano partecipare attivamente alle decisioni che riguardano l'uso di queste tecnologie. La mancanza di conoscenza e comprensione su come i dati vengono raccolti e utilizzati può portare a una passività pericolosa e a un'accettazione acritica delle pratiche di sorveglianza. Per evitare questo, è necessario promuovere programmi di educazione che spieghino l'importanza della privacy e il funzionamento dei sistemi di sorveglianza, dando alle persone gli strumenti necessari per difendere i propri diritti e partecipare in modo consapevole al dibattito pubblico.

La dimensione economica della sorveglianza ecologica è un altro elemento che non può essere ignorato. Le aziende che sviluppano e implementano tecnologie di monitoraggio ambientale spesso traggono profitto dalla raccolta e dall'analisi dei dati. Questo crea un incentivo economico per espandere la sorveglianza e raccogliere sempre più informazioni, con il rischio che il profitto privato prevalga sugli interessi pubblici. È necessario quindi un quadro regolamentare che limiti l'uso commerciale dei dati raccolti per scopi ambientali e che garantisca che tali informazioni siano utilizzate esclusivamente per il bene comune. La regolamentazione deve anche assicurare che i benefici economici derivanti dall'uso delle tecnologie verdi siano distribuiti equamente, senza creare nuove forme di disuguaglianza.

Il concetto di giustizia ambientale deve essere centrale nella discussione sulla sorveglianza ecologica. Non tutte le comunità sono colpite allo stesso modo dalle pratiche di sorveglianza e controllo. Le comunità più vulnerabili, spesso quelle che hanno contribuito meno al cambiamento climatico, sono quelle che rischiano di subire le conseguenze più pesanti della sorveglianza ambientale. È quindi fondamentale che le politiche di monitoraggio siano progettate in modo da non discriminare e da non aumentare ulteriormente le disuguaglianze esistenti. La giustizia ambientale richiede che le voci delle comunità più vulnerabili siano ascoltate e che i loro diritti siano rispettati e tutelati durante l'implementazione delle politiche di sorveglianza ambientale. Solo attraverso un approccio inclusivo che tenga conto delle esigenze di tutte le comunità sarà possibile costruire un sistema di monitoraggio equo e giusto, che promuova la sostenibilità senza sacrificare la dignità e la libertà delle persone.

Capitolo 13 - Disinformazione e Controllo delle Masse

Il fenomeno della disinformazione costituisce una delle più insidiose dinamiche di manipolazione del pensiero collettivo, in particolare nel contesto delle crisi ambientali e climatiche. La disinformazione non solo ostacola la capacità della società di comprendere le vere dimensioni dei problemi in gioco, ma contribuisce anche a generare confusione, divisione e immobilismo. Un esempio concreto è la campagna di disinformazione contro le politiche di riduzione delle emissioni di carbonio in Australia, in cui i costi economici delle misure sono stati amplificati e distorti, rallentando l'adozione di leggi più stringenti e contribuendo a mantenere lo status quo. Un esempio concreto è la campagna di disinformazione contro le politiche di riduzione delle emissioni di carbonio in Australia, in cui i costi economici delle misure sono stati amplificati e distorti, rallentando l'adozione di leggi più stringenti e contribuendo a mantenere lo status quo. In questo capitolo, analizziamo come la diffusione deliberata di informazioni false o fuorvianti venga utilizzata come strumento per il controllo delle masse, in particolare in relazione alle politiche ambientali e alla crisi climatica.

La disinformazione ambientale assume diverse forme, dalle teorie complottiste che negano l'esistenza del cambiamento climatico fino alle campagne di lobbying che amplificano i costi economici delle politiche ecologiche. Gli interessi economici legati ai combustibili fossili giocano un ruolo centrale in questo contesto, finanziando studi, think tank e organizzazioni volti a seminare dubbi sulla realtà del cambiamento climatico e sulla necessità di una transizione energetica. Ad esempio, l'American Petroleum Institute e il think tank Heartland Institute sono stati ampiamente sostenuti dall'industria dei combustibili fossili per diffondere messaggi volti a minimizzare l'urgenza della crisi climatica. Questa strategia, comunemente definita "fabbricazione del dubbio", mira a creare incertezza nell'opinione pubblica, rallentando l'adozione di politiche volte alla decarbonizzazione e mantenendo lo status quo a vantaggio degli interessi consolidati.

Uno degli strumenti più potenti per diffondere la disinformazione sono i media tradizionali e i social network. I social media, in particolare, hanno amplificato enormemente la capacità di diffondere informazioni false, grazie alla loro natura virale e alla facilità con cui contenuti non verificati possono essere condivisi e riproposti senza alcun filtro. Le piattaforme digitali sono diventate terreno fertile per la diffusione di narrazioni alternative, spesso confezionate in modo emotivamente coinvolgente, come video allarmistici e post sensazionalistici, capaci di raggiungere milioni di persone in breve tempo. Ad esempio, la teoria del complotto secondo cui il cambiamento climatico è una bufala orchestrata dalle élite globali ha guadagnato grande popolarità su piattaforme come Facebook e YouTube, influenzando l'opinione pubblica e rallentando il consenso sulle politiche climatiche. Questo fenomeno non solo ostacola il dibattito pubblico informato, ma crea anche un terreno polarizzato in cui diventa estremamente difficile distinguere tra verità e menzogna, minando la coesione sociale e la fiducia reciproca.

La disinformazione non si limita a negare l'esistenza dei problemi ambientali, ma spesso si manifesta anche nella rappresentazione delle soluzioni. Un esempio di narrazione disinformativa riguarda la promozione di tecnologie di geoingegneria come un'alternativa 'facile' e 'priva di sacrifici' alla riduzione delle emissioni, ignorando i potenziali rischi e le implicazioni etiche di tali interventi. Le narrazioni che enfatizzano esclusivamente i sacrifici e i costi associati alla transizione ecologica inducono molte persone a rifiutare qualsiasi iniziativa volta alla sostenibilità. Ad esempio, la campagna contro il Green New Deal negli Stati Uniti ha enfatizzato i costi economici e i sacrifici richiesti, alimentando il timore di aumenti delle tasse e perdita di posti di lavoro, e contribuendo così a rallentare il sostegno pubblico verso le politiche di sostenibilità. In tal modo, la disinformazione agisce come un potente freno alle politiche ambientali, facendo leva sulle paure del cambiamento e sul timore di perdere privilegi acquisiti. Questa strategia risulta particolarmente efficace in un contesto di insicurezza economica e sociale, in cui le persone sono più inclini a percepire il cambiamento come una minaccia piuttosto che come un'opportunità di miglioramento.

Il controllo delle masse attraverso la disinformazione si realizza anche mediante l'appropriazione e la manipolazione del linguaggio. Termini come "greenwashing" descrivono le pratiche di aziende e istituzioni che, pur dichiarandosi ecologiche, adottano solo superficialmente misure ambientali per migliorare la propria immagine pubblica senza modificare in modo sostanziale le loro attività. Un esempio noto è quello della compagnia petrolifera BP, che ha spesso promosso campagne di marketing incentrate sulla sostenibilità, mentre la maggior parte delle sue attività continuano a essere legate all'estrazione di combustibili fossili. Questo tipo di manipolazione linguistica contribuisce a creare un senso di falsa sicurezza, inducendo l'opinione pubblica a credere che siano in corso significativi cambiamenti, mentre in realtà si tratta solo di operazioni di facciata. La disinformazione, in questo modo, diventa uno strumento per depoliticizzare il dibattito, sedare il dissenso e mantenere inalterato l'assetto di potere esistente.

Inoltre, la disinformazione si inserisce in un contesto più ampio di controllo sociale, in cui le élite economiche e politiche cercano di plasmare l'opinione pubblica e orientare il dibattito secondo i propri interessi. In questo quadro, i cittadini vengono spinti verso un'indifferenza passiva o verso un attivismo inefficace, che non mette realmente in discussione le strutture di potere esistenti. La polarizzazione dell'opinione pubblica e la creazione di divisioni all'interno della società sono strumenti efficaci per impedire la formazione di un movimento unitario e consapevole, capace di esercitare una reale pressione sulle istituzioni e sui decisori politici. Tale frammentazione sociale è funzionale al mantenimento dello status quo, poiché una società divisa è meno capace di mobilitarsi in modo coeso e incisivo.

Un altro aspetto cruciale riguarda l'erosione della fiducia nelle istituzioni scientifiche. La disinformazione mina la credibilità degli scienziati e delle organizzazioni che si occupano di ricerca ambientale, sfruttando errori, incertezze e limiti inevitabili del metodo scientifico per dipingere l'intero campo come inaffidabile o corrotto. Questa strategia crea una frattura tra il mondo scientifico e l'opinione pubblica, rendendo difficile l'adozione di politiche basate sull'evidenza e alimentando il sospetto verso qualsiasi iniziativa proposta dalle istituzioni. Senza una solida fiducia nella scienza, diventa estremamente complesso mobilitare la società verso soluzioni comuni e condivise per affrontare la crisi climatica. La perdita di fiducia nelle istituzioni scientifiche ha effetti deleteri non solo sul fronte delle politiche ambientali, ma anche sul funzionamento della democrazia stessa, poiché mina il presupposto della partecipazione informata dei cittadini.

La disinformazione opera, inoltre, attraverso la costruzione di false dicotomie e la semplificazione estrema di questioni complesse. Un esempio di falsa dicotomia è rappresentato dalla narrativa secondo cui la scelta è tra crescita economica e sostenibilità ambientale, ignorando la possibilità di un modello di sviluppo che integri entrambe le dimensioni. Un esempio di falsa dicotomia è rappresentato dalla narrativa secondo cui la scelta è tra crescita economica e sostenibilità ambientale, ignorando la possibilità di un modello di sviluppo che integri entrambe le dimensioni. Le narrazioni polarizzate che dipingono le soluzioni ecologiche come alternative radicali e dannose rispetto al "business as usual" distolgono l'attenzione dalla possibilità di soluzioni equilibrate e pragmatiche. Questa semplificazione estrema è spesso accompagnata da una rappresentazione ingannevole delle conseguenze economiche e sociali delle politiche climatiche, presentando la transizione verso un'economia sostenibile come una scelta economicamente suicida piuttosto che come un'opportunità per l'innovazione e la crescita. Tali strategie retoriche alimentano un clima di paura e resistenza al cambiamento, bloccando il progresso verso un futuro più sostenibile.

Le campagne di disinformazione trovano terreno fertile nelle incertezze e nelle ansie della popolazione, sfruttando la paura dell'ignoto e la naturale riluttanza al cambiamento. La psicologia sociale ha dimostrato come, in situazioni di incertezza, le persone tendano a cercare conferme alle proprie convinzioni preesistenti, e la disinformazione offre esattamente questo: una narrazione alternativa che conferma le paure e i pregiudizi, rendendo più difficile accettare la necessità di un cambiamento radicale. Il risultato è una società frammentata e polarizzata, in cui il consenso per le politiche climatiche diventa estremamente difficile da raggiungere.

Inoltre, la disinformazione agisce anche sfruttando i meccanismi di manipolazione emotiva. Le emozioni, in particolare la paura e la rabbia, sono strumenti potenti per influenzare il comportamento umano. La diffusione di messaggi allarmistici o fuorvianti sulle presunte conseguenze delle politiche climatiche è in grado di mobilitare reazioni emotive che ostacolano un dibattito razionale e costruttivo. La paura del cambiamento, il timore di perdere il proprio stile di vita o di dover affrontare sacrifici economici sono elementi che vengono costantemente sfruttati per impedire una discussione equilibrata sulle soluzioni necessarie. La disinformazione, così facendo, contribuisce a mantenere elevato il livello di conflitto e a impedire l'emergere di un consenso sociale sulla necessità di una transizione ecologica.

Un altro fattore importante è il ruolo delle tecniche di distrazione. La disinformazione non si limita a diffondere false informazioni, ma spesso utilizza anche la distrazione come strumento per distogliere l'attenzione dai veri problemi. Questo può avvenire attraverso la creazione di polemiche artificiali, l'enfasi su temi secondari o l'inondazione dello spazio informativo con una quantità eccessiva di notizie irrilevanti. In questo modo, l'attenzione dell'opinione pubblica viene spostata da questioni cruciali, come la crisi climatica, verso argomenti di minore importanza, contribuendo a creare confusione e a ridurre la capacità delle persone di concentrarsi su ciò che conta davvero. La distrazione diventa quindi un ulteriore strumento per impedire un'azione collettiva efficace e per mantenere l'attuale equilibrio di potere.

L'influenza della disinformazione è amplificata dalla mancanza di una solida educazione ambientale. La scarsa conoscenza delle dinamiche ambientali e delle soluzioni possibili rende la popolazione più vulnerabile alla manipolazione. La complessità delle questioni climatiche e la difficoltà di comprendere appieno le implicazioni delle politiche ambientali facilitano il lavoro di chi vuole diffondere disinformazione. Per questo motivo, un elemento fondamentale per contrastare il fenomeno è l'educazione. Promuovere un'alfabetizzazione ambientale diffusa, che consenta alle persone di comprendere i meccanismi alla base del cambiamento climatico e le possibili soluzioni, è essenziale per costruire una società resiliente e consapevole. Solo una popolazione ben informata e critica può resistere alle strategie di manipolazione e contribuire in modo efficace al cambiamento.

Il controllo delle masse attraverso la disinformazione si realizza anche sfruttando la mancanza di trasparenza nelle decisioni politiche e nei processi legislativi. Le politiche ambientali spesso vengono percepite come imposte dall'alto, senza un adeguato coinvolgimento della popolazione nei processi decisionali. Questa mancanza di trasparenza alimenta il sospetto e favorisce la diffusione di teorie complottiste, che vedono nelle politiche climatiche un complotto delle élite contro i cittadini comuni. Per contrastare questo fenomeno, è fondamentale garantire che i processi decisionali siano trasparenti e che la popolazione abbia la possibilità di partecipare attivamente. La partecipazione democratica è un antidoto efficace contro la disinformazione, poiché permette ai cittadini di sentirsi parte delle scelte e di comprenderne le motivazioni.

Inoltre, la trasparenza deve essere accompagnata da un accesso equo alle informazioni. È cruciale che le informazioni sui processi decisionali e sulle politiche siano accessibili e comprensibili a tutti, indipendentemente dal livello di istruzione o dallo status socioeconomico. Le barriere all'accesso alle informazioni rappresentano un altro elemento che facilita il controllo delle masse, poiché limitano la capacità dei cittadini di formarsi un'opinione informata e di partecipare attivamente alla vita politica. La democratizzazione dell'accesso alle informazioni è quindi un passaggio essenziale per costruire una società in cui le politiche ambientali siano realmente inclusive e partecipative.

Le istituzioni devono anche impegnarsi a contrastare attivamente la disinformazione, adottando politiche che promuovano la verifica dei fatti e la diffusione di informazioni corrette e basate sull'evidenza. Questo può essere realizzato attraverso collaborazioni con enti accademici, organizzazioni non governative e piattaforme mediatiche indipendenti, al fine di garantire che le informazioni che raggiungono il pubblico siano affidabili e verificate. La creazione di reti di collaborazione per la verifica dei fatti è uno strumento cruciale per contrastare la diffusione di informazioni false e per promuovere un'informazione pubblica trasparente e responsabile.

In conclusione, la disinformazione e il controllo delle masse rappresentano ostacoli significativi alla transizione ecologica e alla partecipazione attiva della società nella costruzione di un futuro sostenibile. Per superare questi ostacoli, è essenziale promuovere un'educazione ambientale diffusa, garantire la trasparenza nei processi decisionali e democratizzare l'accesso alle informazioni. Solo attraverso una società ben informata, partecipe e critica è possibile contrastare efficacemente le strategie di manipolazione e contribuire a un cambiamento positivo e duraturo.

Capitolo 14 - Risveglio delle Coscienze

Nel contesto odierno, segnato da disinformazione, controllo sociale e crisi sistemiche, emerge con urgenza la necessità di un risveglio collettivo delle coscienze. Un tale risveglio rappresenta un processo che consenta di superare le barriere della manipolazione e della passività, e di generare una trasformazione significativa nella mentalità e nei comportamenti collettivi. Questo capitolo esplora il risveglio delle coscienze come un movimento personale e collettivo che promuove una maggiore consapevolezza critica e responsabilità condivisa, concentrandosi in particolare sulle questioni ambientali e climatiche. Solo un cambiamento radicale nella mentalità collettiva può condurre alla trasformazione necessaria per affrontare in maniera efficace le sfide globali che stiamo vivendo.

Il risveglio delle coscienze si basa, in primo luogo, sulla capacità di riconoscere le manipolazioni a cui siamo sottoposti quotidianamente. Ad esempio, i messaggi pubblicitari che sfruttano le emozioni per spingerci a consumare di più rappresentano una forma di manipolazione comune che spesso passa inosservata. Queste manipolazioni includono la diffusione di notizie false, come è avvenuto durante le campagne elettorali negli Stati Uniti; l'uso della propaganda per influenzare le opinioni pubbliche, come accade nei regimi autoritari; la manipolazione delle emozioni tramite immagini sensazionalistiche, come le fotografie di disastri naturali utilizzate per generare paura; e la censura di informazioni rilevanti, come nel caso della soppressione di dati scientifici sul cambiamento climatico. La disinformazione e il controllo delle masse hanno un effetto profondamente paralizzante, inducendo le persone a rimanere passive e a non mettere in discussione le narrazioni dominanti. Le tecniche di manipolazione utilizzate sono sofisticate e includono l'uso strategico di emozioni come la paura, la rabbia e la speranza, che vengono sapientemente sfruttate per orientare il comportamento delle masse e mantenerle in una condizione di dipendenza e vulnerabilità. Il primo passo verso un autentico risveglio delle coscienze consiste dunque nello sviluppo di una capacità critica di analisi delle informazioni che ci circondano. Strumenti come l'educazione mediatica, la consultazione di fonti affidabili e l'uso di piattaforme di fact-checking possono aiutare a sviluppare questa capacità in modo pratico ed efficace. Ciò implica la capacità di distinguere tra fonti affidabili e inaffidabili, comprendere i meccanismi di manipolazione emotiva e interrogare le versioni ufficiali degli eventi senza cadere nella deriva complottista. La consapevolezza critica diventa uno strumento essenziale per sfuggire alla narrazione imposta e recuperare l'autonomia di pensiero.

La costruzione di una consapevolezza critica non è un esercizio passivo, ma un processo attivo che richiede uno sforzo costante di ricerca, riflessione e confronto. Significa mettere in discussione non solo le informazioni che ci vengono presentate, ma anche il modo in cui esse vengono costruite e i poteri che le supportano. Significa, inoltre, sviluppare una comprensione più profonda delle dinamiche sociali, economiche e politiche che modellano le nostre società e che spesso sono alla base dei problemi ambientali e delle disuguaglianze sociali. La capacità di pensare criticamente e di interrogarsi sulle narrazioni dominanti è essenziale per liberarsi dalle catene della manipolazione e per iniziare a immaginare nuove possibilità di azione collettiva.

Un altro elemento cruciale del risveglio delle coscienze è la comprensione del ruolo che ognuno di noi, come individui e come membri di una comunità, gioca nella lotta per la sostenibilità. L'idea che le nostre azioni siano irrilevanti nel contesto del cambiamento climatico o che le decisioni siano esclusivamente nelle mani dei governi e delle grandi corporazioni rappresenta un mito che va sfatato. Ad esempio, iniziative come il movimento "Fridays for Future" hanno dimostrato come l'azione individuale, unita a una mobilitazione collettiva, possa attirare l'attenzione globale e influenzare le politiche climatiche a livello internazionale. Un risultato concreto è stato l'inserimento dell'emergenza climatica nell'agenda politica di diversi governi, come avvenuto nel 2019 quando il Parlamento Europeo ha dichiarato ufficialmente l'emergenza climatica e ambientale, anche grazie alla pressione esercitata dal movimento. Ogni azione individuale ha valore, ma ancor più importante è la capacità di organizzarsi collettivamente per esercitare una pressione significativa sulle istituzioni e sulle imprese. Il risveglio delle coscienze implica la presa di coscienza del potere della cittadinanza attiva, capace di influenzare le politiche pubbliche e di promuovere pratiche sostenibili su larga scala. La partecipazione politica e sociale diventa quindi uno strumento fondamentale per la trasformazione, consentendo agli individui di incidere sul cambiamento.

La cittadinanza attiva si traduce in una serie di azioni che possono variare dal livello locale al livello globale. Significa partecipare a iniziative comunitarie, unirsi a movimenti per la giustizia climatica, sostenere organizzazioni che promuovono la sostenibilità e la giustizia sociale, ma anche impegnarsi attivamente nel processo decisionale attraverso il voto e la partecipazione civica. La cittadinanza attiva non è un'azione isolata, ma un impegno continuo a costruire una società più equa e sostenibile, basato sulla solidarietà e sulla responsabilità collettiva. La capacità di mobilitarsi collettivamente rappresenta un potente strumento di cambiamento, in grado di sfidare le strutture di potere esistenti e di promuovere un nuovo paradigma di sviluppo basato sulla sostenibilità e sull'inclusione.

Questo risveglio non riguarda soltanto una consapevolezza intellettuale, ma implica anche una trasformazione interiore profonda. Ciò può realizzarsi attraverso la pratica della consapevolezza ambientale quotidiana, come ridurre il consumo di plastica, adottare uno stile di vita più sobrio e rispettoso dell'ambiente, e coltivare una connessione più profonda con la natura. Altre pratiche come la meditazione, il volontariato in iniziative ambientali e la riflessione personale sulle proprie abitudini possono aiutare a sviluppare un senso di responsabilità e di connessione verso il mondo che ci circonda. Ad esempio, ciò può realizzarsi attraverso la pratica della consapevolezza ambientale quotidiana, come ridurre il consumo di plastica, adottare uno stile di vita più sobrio e rispettoso dell'ambiente, e coltivare una connessione più profonda con la natura. Altre pratiche come la meditazione, il volontariato in iniziative ambientali e la riflessione personale sulle proprie abitudini possono aiutare a sviluppare un senso di responsabilità e di connessione verso il mondo che ci circonda. Significa mettere in discussione i propri valori, le proprie priorità e le proprie abitudini. La cultura del consumismo, che è alla base di molte delle attuali crisi ambientali, deve essere sostituita da una cultura del rispetto, della sobrietà e della responsabilità. Il risveglio delle coscienze richiede un cambiamento radicale nella percezione di noi stessi in relazione al mondo naturale: non più come dominatori e sfruttatori, ma come parti integranti di un sistema ecologico complesso e interdipendente, che necessita di cura e rispetto. Questo processo di trasformazione interiore rappresenta un passaggio essenziale per un cambiamento duraturo, poiché modifica le radici stesse del comportamento umano.

Inoltre, il risveglio delle coscienze richiede il superamento dell'individualismo e la riscoperta del valore della comunità. Un esempio concreto è rappresentato dalla città di Freiburg, in Germania, dove la comunità ha adottato pratiche di sostenibilità come la promozione del trasporto pubblico, l'energia solare e gli orti urbani, dimostrando come la cooperazione collettiva possa portare a significativi miglioramenti ambientali e alla qualità della vita. Solo attraverso l'unione e la cooperazione possiamo affrontare le sfide globali in modo efficace e resiliente. Ciò implica la creazione di reti di supporto reciproco, la partecipazione attiva a movimenti collettivi per la giustizia climatica e la costruzione di comunità in grado di adattarsi e rispondere agli impatti del cambiamento climatico. Il risveglio delle coscienze è, in ultima analisi, un atto di responsabilità collettiva e di solidarietà, che ci spinge a trasformare la nostra indignazione in azioni concrete e la nostra paura in speranza. La costruzione di una coscienza collettiva in grado di affrontare le sfide del XXI secolo richiede una visione condivisa e un impegno profondo verso il cambiamento, tanto a livello personale quanto a livello sociale.

Il risveglio delle coscienze, inoltre, è un atto di emancipazione dal condizionamento imposto dalle narrazioni dominanti, che spesso ci presentano il cambiamento come un processo inaccessibile e fuori dalla nostra portata. Questo processo di emancipazione si fonda sulla capacità di immaginare un futuro diverso e di intraprendere azioni che vadano in quella direzione, sfidando l'inerzia del sistema attuale. La consapevolezza critica, infatti, non è solo un esercizio intellettuale, ma un impegno concreto a mettere in discussione le strutture esistenti e a costruirne di nuove, basate sulla giustizia sociale e ambientale. Significa comprendere le interconnessioni tra le diverse crisi che affrontiamo e riconoscere che la giustizia climatica non può essere separata dalla giustizia economica e sociale.

In questo contesto, il ruolo dell'educazione è fondamentale. Un'educazione che promuova il pensiero critico, la consapevolezza ambientale e la responsabilità civica è essenziale per innescare il risveglio delle coscienze su larga scala. Le istituzioni educative, dalla scuola primaria all'università, devono diventare spazi di formazione di cittadini consapevoli, in grado di comprendere le sfide globali e di agire in modo responsabile. Questo tipo di educazione non si limita alla trasmissione di conoscenze, ma punta a formare individui capaci di analizzare criticamente la realtà, di mettere in discussione le narrazioni dominanti e di immaginare alternative possibili.

L'educazione deve inoltre promuovere una comprensione sistemica delle crisi che affrontiamo, aiutando gli individui a riconoscere le interconnessioni tra i problemi economici, sociali e ambientali. La crisi climatica, infatti, non può essere compresa isolatamente dalle questioni di disuguaglianza economica, povertà, sfruttamento delle risorse e ingiustizie sociali. Un'educazione integrata e interdisciplinare è fondamentale per fornire agli individui gli strumenti necessari per comprendere la complessità delle sfide globali e per agire in modo efficace. In questo senso, l'educazione diventa un catalizzatore per il cambiamento, un mezzo per ispirare e motivare gli individui a diventare agenti attivi di trasformazione sociale e ambientale.

Il risveglio delle coscienze comporta anche una riflessione profonda sulle strutture economiche e politiche che determinano le nostre vite. Il sistema economico attuale, basato sulla crescita infinita e sullo sfruttamento indiscriminato delle risorse, è insostenibile e incompatibile con la salvaguardia del pianeta. Un vero risveglio delle coscienze implica la capacità di immaginare e costruire un'economia diversa, orientata al benessere collettivo e alla sostenibilità ecologica. Questo significa promuovere modelli economici alternativi, che mettano al centro la giustizia sociale, la redistribuzione delle risorse e la protezione dell'ambiente. La transizione verso un'economia sostenibile richiede il coinvolgimento attivo di tutti i settori della società e un impegno collettivo per trasformare le strutture economiche e politiche esistenti.

Il ripensamento del sistema economico implica anche una ridefinizione dei concetti di valore e di progresso. Un esempio di modello economico alternativo è l'Economia del Bene Comune, proposta dall'economista Christian Felber, che mette al centro il benessere delle persone e dell'ambiente, anziché il mero profitto finanziario. Un esempio di modello economico alternativo è l'Economia del Bene Comune, proposta dall'economista Christian Felber, che mette al centro il benessere delle persone e dell'ambiente, anziché il mero profitto finanziario. Questo modello promuove la cooperazione tra le aziende e la sostenibilità come misure principali del successo economico. In una società orientata al risveglio delle coscienze, il valore non può più essere misurato unicamente in termini monetari o di crescita del prodotto interno lordo, ma deve tener conto del benessere delle persone, della qualità della vita, della salute degli ecosistemi e della giustizia sociale. Il progresso, in questo contesto, non è sinonimo di accumulazione di ricchezza materiale, ma rappresenta un avanzamento verso una società più equa, sostenibile e solidale. Significa mettere al centro del discorso economico il benessere umano e ambientale, e riconoscere che la vera prosperità è quella che promuove la felicità collettiva e la preservazione del pianeta per le generazioni future.

In questo senso, il risveglio delle coscienze porta anche a una revisione delle priorità politiche e istituzionali. Le politiche pubbliche devono essere orientate alla tutela dei beni comuni, alla protezione dell'ambiente e alla riduzione delle disuguaglianze. La governance deve diventare più inclusiva, garantendo che le voci di tutte le comunità, in particolare quelle più vulnerabili, siano ascoltate e rispettate. La democrazia partecipativa diventa uno strumento chiave per promuovere una gestione equa delle risorse e per garantire che le decisioni politiche siano realmente rappresentative degli interessi collettivi. Il ripensamento del valore e del progresso, quindi, non è solo un cambiamento economico, ma anche un cambiamento politico e culturale, che richiede la costruzione di nuove istituzioni e di nuovi modi di vivere insieme.

Il risveglio delle coscienze, inoltre, comporta una nuova etica delle relazioni umane e del rapporto con il pianeta. Significa riconoscere l'interdipendenza tra gli esseri umani e la natura, e comprendere che il nostro benessere dipende da un equilibrio armonioso con l'ambiente circostante. Questa nuova etica si traduce in un maggiore rispetto per tutte le forme di vita, in una gestione responsabile delle risorse naturali e in una riduzione del nostro impatto ecologico. Il risveglio delle coscienze non è solo un atto di ribellione contro le ingiustizie esistenti, ma anche un movimento verso una nuova armonia, in cui il progresso è misurato in termini di felicità, benessere e sostenibilità.

Il risveglio delle coscienze è quindi un processo trasformativo che coinvolge ogni aspetto della nostra vita.

Esso va dal modo in cui pensiamo e agiamo, alle strutture economiche e politiche che ci governano, fino al nostro rapporto con la natura e con gli altri esseri umani. È una chiamata all'azione, un invito a superare l'individualismo e la passività, e a diventare parte di un movimento globale per il cambiamento. Solo attraverso un risveglio collettivo delle coscienze potremo affrontare le sfide del XXI secolo e costruire una società più giusta, equa e sostenibile. È un processo che richiede coraggio, determinazione e una visione condivisa di un futuro migliore, ma è anche l'unica strada percorribile per garantire la sopravvivenza e il benessere del nostro pianeta e delle generazioni future.

Capitolo 15 - Azioni per il Cambiamento

La consapevolezza e il risveglio delle coscienze rappresentano un punto di partenza imprescindibile, ma senza un'azione concreta e mirata, il cambiamento rimane solo un'aspirazione teorica. Un esempio di questo legame tra consapevolezza e azione si può osservare nel movimento per la riduzione della plastica, dove la crescente consapevolezza pubblica sugli effetti negativi della plastica monouso ha portato a cambiamenti concreti, come la riduzione dell'uso delle cannucce e dei sacchetti di plastica in paesi come il Regno Unito e l'Italia. Questo capitolo approfondisce le strategie e le azioni che possono essere implementate a livello sia individuale che collettivo per orientare la nostra società verso un paradigma più sostenibile e giusto. Data la complessità e l'entità delle sfide ambientali e sociali contemporanee, è necessaria una partecipazione attiva e un impegno costante da parte di tutti i settori della società: dagli individui alle istituzioni, dalle imprese fino alle organizzazioni internazionali.

Il cambiamento inizia dalla volontà individuale di contribuire attivamente. Ogni persona, con le proprie scelte quotidiane, può influire significativamente sulla qualità della vita della propria comunità e sulla salute dell'ambiente. Ad esempio, pratiche come il consumo responsabile, la riduzione dell'uso di risorse non rinnovabili, il sostegno ad aziende etiche e sostenibili, e la limitazione degli sprechi rappresentano modalità efficaci per ridurre l'impatto ambientale. Sostenere l'adozione di energie rinnovabili, ridurre l'uso della plastica e optare per una dieta più sostenibile sono altre azioni che, benché inizialmente individuali, possono avere effetti di vasta portata quando adottate collettivamente su larga scala. Un esempio concreto è il programma nazionale di incentivi in Germania per l'installazione di pannelli solari domestici, avviato nel 2000, che ha portato a una significativa diffusione delle energie rinnovabili tra le abitazioni private, contribuendo a una riduzione delle emissioni di carbonio di circa 10 milioni di tonnellate all'anno.

L'importanza delle azioni individuali non deve essere sottovalutata, poiché esse contribuiscono anche alla diffusione di una nuova cultura della sostenibilità. L'effetto moltiplicatore di milioni di persone che scelgono di ridurre il proprio impatto ambientale può portare a un cambiamento significativo nelle dinamiche di consumo, influenzando anche il comportamento delle aziende e le politiche pubbliche. È fondamentale creare una consapevolezza diffusa su come ogni piccola azione quotidiana possa fare la differenza. Ad esempio, il semplice atto di ridurre l'utilizzo di plastica monouso o di preferire mezzi di trasporto sostenibili come la bicicletta o il trasporto pubblico, non solo riduce l'inquinamento, ma trasmette anche un messaggio potente alle istituzioni e alle imprese.

Le azioni collettive, tuttavia, sono altrettanto, se non più, cruciali. La partecipazione a movimenti sociali, l'adesione a campagne di sensibilizzazione e l'esercizio di pressione politica sono strumenti fondamentali per promuovere decisioni istituzionali orientate alla sostenibilità. In questo contesto, i movimenti per la giustizia climatica rappresentano un esempio chiaro di come l'azione collettiva possa influenzare le politiche pubbliche e favorire cambiamenti strutturali. Le mobilitazioni di massa, come quelle promosse da "Extinction Rebellion" e "Fridays for Future", hanno indotto governi e organizzazioni internazionali a dichiarare l'emergenza climatica e a impegnarsi per obiettivi più ambiziosi di riduzione delle emissioni di gas serra. Ad esempio, a seguito di queste mobilitazioni, il Parlamento Europeo ha dichiarato l'emergenza climatica nel 2019 e diversi paesi hanno adottato piani più stringenti per la neutralità carbonica entro il 2050. Questi movimenti hanno dimostrato che la pressione popolare può portare a risultati concreti, come l'approvazione di nuove leggi e la promozione di iniziative volte alla transizione energetica.

Le azioni collettive non si limitano alle proteste e alle mobilitazioni di massa, ma comprendono anche la creazione di reti locali di supporto, la promozione di progetti di cooperazione e l'organizzazione di eventi comunitari che mirano a educare e coinvolgere le persone. Le cooperative di consumo, i gruppi di acquisto solidale e le iniziative di scambio di beni e servizi rappresentano esempi di azioni collettive che possono ridurre l'impatto ambientale e rafforzare il tessuto sociale. Un esempio concreto è rappresentato dalla cooperativa Coop Italia, che promuove il consumo responsabile e supporta i produttori locali, contribuendo a ridurre l'impatto ambientale e a rafforzare l'economia locale. Inoltre, il coinvolgimento nelle decisioni locali, come la partecipazione alle assemblee cittadine o ai comitati di quartiere, può influenzare direttamente le politiche urbanistiche e ambientali, favorendo la creazione di spazi verdi, piste ciclabili e altre infrastrutture sostenibili.

Le istituzioni e le aziende giocano un ruolo fondamentale nel promuovere il cambiamento. Ad esempio, l'azienda IKEA ha adottato pratiche sostenibili, come l'uso di materiali riciclati e l'implementazione di programmi per l'energia rinnovabile, dimostrando che il settore privato può contribuire significativamente alla sostenibilità. Politiche pubbliche volte a incentivare l'uso di energie rinnovabili, a promuovere il riciclo e a regolamentare le emissioni sono indispensabili per favorire una transizione verso un modello di sviluppo sostenibile. Le aziende, da parte loro, hanno la responsabilità di adottare modelli di business che mettano al centro la sostenibilità, riducendo l'impatto ambientale delle loro attività e sviluppando prodotti rispettosi dei criteri di responsabilità sociale e ambientale. Le imprese che adottano pratiche di economia circolare e investono nella riduzione del proprio impatto ecologico non solo contribuiscono alla tutela del pianeta, ma acquisiscono anche un vantaggio competitivo in un mercato sempre più orientato verso consumatori consapevoli.

Le aziende devono anche investire nell'innovazione tecnologica per sviluppare soluzioni più ecologiche e sostenibili. L'adozione di tecnologie avanzate per il riciclo, l'efficienza energetica e la produzione a basse emissioni può trasformare il settore industriale in un alleato chiave nella lotta contro il cambiamento climatico. Inoltre, le imprese hanno la possibilità di influenzare i propri fornitori e partner commerciali, promuovendo standard ambientali elevati lungo tutta la catena del valore. Attraverso l'adozione di pratiche di approvvigionamento sostenibile, le aziende possono ridurre significativamente il loro impatto ambientale complessivo e contribuire a una cultura della sostenibilità che coinvolga tutti gli attori del sistema economico.

Le comunità locali sono altrettanto importanti nel processo di trasformazione. Un esempio concreto è rappresentato dalla comunità di Totnes, nel Regno Unito, che ha implementato con successo il progetto 'Transition Town', creando un'economia locale resiliente basata su energia rinnovabile, orti comunitari e scambi di beni e servizi. Questo progetto ha portato a una maggiore autosufficienza alimentare, riduzione della dipendenza dai combustibili fossili e un rafforzamento del senso di comunità tra i residenti, dimostrando come l'azione locale possa contribuire alla sostenibilità globale. Questo esempio dimostra come l'azione comunitaria possa portare a un cambiamento significativo e sostenibile. Iniziative come gli orti urbani, la gestione condivisa delle risorse, i progetti di energia rinnovabile di comunità e l'economia collaborativa possono trasformare le comunità in veri e propri agenti del cambiamento. Le città, in particolare, rappresentano laboratori ideali per sperimentare e sviluppare soluzioni innovative che possano essere replicate su scala più ampia. Il concetto di "città resilienti" fa riferimento alla capacità di una comunità urbana di adattarsi ai cambiamenti climatici, ridurre la propria impronta ecologica e garantire una qualità della vita elevata ai cittadini, anche in contesti di crisi.

Le comunità possono anche fungere da esempio per altre realtà, dimostrando che è possibile vivere in modo sostenibile senza compromettere la qualità della vita. La condivisione di buone pratiche tra comunità e la creazione di reti di cooperazione tra città possono accelerare la transizione ecologica su scala globale. Le città che investono in trasporti pubblici sostenibili, in energia rinnovabile e in infrastrutture verdi dimostrano che il cambiamento è possibile e che i benefici di una maggiore sostenibilità possono essere condivisi da tutti i cittadini. Inoltre, il ruolo delle scuole e delle università è cruciale nel promuovere la consapevolezza ambientale e formare le nuove generazioni affinché diventino protagoniste del cambiamento.

Il cambiamento richiede, inoltre, una profonda trasformazione politica. È fondamentale che i governi, a tutti i livelli, riconoscano l'urgenza delle crisi ambientali e sociali e adottino misure concrete per affrontarle. La democrazia partecipativa, che coinvolge direttamente i cittadini nelle decisioni che riguardano il loro ambiente e il loro futuro, può rappresentare un efficace strumento per garantire che le politiche adottate rispecchino gli interessi collettivi. Politiche fiscali che incentivino comportamenti sostenibili e penalizzino quelli inquinanti possono ulteriormente contribuire a orientare la società verso un futuro più equo e rispettoso dell'ambiente.

È altresì necessario che le politiche pubbliche siano integrate e coerenti, evitando contraddizioni che possano compromettere gli sforzi di sostenibilità. Ad esempio, incentivi per le energie rinnovabili devono essere accompagnati da una riduzione dei sussidi ai combustibili fossili, mentre le normative sulla riduzione dei rifiuti devono essere supportate da infrastrutture adeguate per il riciclo e il riuso. La cooperazione internazionale è un altro elemento chiave, poiché molte delle sfide ambientali, come il cambiamento climatico e la perdita di biodiversità, sono di natura globale e richiedono soluzioni condivise e concertate. Un esempio di questa cooperazione è l'Accordo di Parigi del 2015, in cui oltre 190 paesi si sono impegnati a limitare l'aumento della temperatura globale e a ridurre le emissioni di gas serra, dimostrando come un'azione concertata a livello internazionale possa affrontare le sfide climatiche in modo efficace.

In definitiva, il cambiamento richiede un impegno su tutti i livelli della società. Le azioni individuali sono essenziali, ma devono essere integrate da azioni collettive e da politiche pubbliche che promuovano la sostenibilità e la giustizia sociale. Solo attraverso una mobilitazione generale e un cambiamento sistemico sarà possibile affrontare le sfide globali e costruire una società che ponga al centro il benessere delle persone e la tutela del pianeta. Il cambiamento è possibile, ma richiede coraggio, determinazione e una visione condivisa del futuro. Solo attraverso azioni concrete possiamo trasformare la consapevolezza in realtà e creare un mondo più giusto, equo e sostenibile. Questo richiede non solo impegno individuale e collettivo, ma anche una trasformazione strutturale della nostra economia e del nostro sistema politico, in modo da garantire che la giustizia ambientale e sociale diventino i principi guida del nostro sviluppo futuro. Ogni piccolo passo in avanti, ogni scelta consapevole e ogni mobilitazione collettiva sono tasselli fondamentali per costruire un futuro in cui l'umanità e il pianeta possano prosperare in armonia. Non possiamo più permetterci di aspettare: il cambiamento inizia oggi, con le nostre azioni, le nostre scelte e il nostro impegno a lavorare insieme per un domani migliore.

Capitolo 16 - Verso una Transizione Giusta

Il concetto di transizione giusta denota l'urgenza di garantire che la trasformazione verso un'economia sostenibile e a basse emissioni di carbonio sia caratterizzata da equità e inclusività, evitando che i costi e i sacrifici necessari ricadano in maniera sproporzionata sulle comunità più vulnerabili. Un esempio concreto di una transizione giusta di successo è rappresentato dal caso della regione delle Asturie in Spagna, dove la chiusura delle miniere di carbone è stata accompagnata da programmi di riqualificazione professionale e investimenti in energie rinnovabili, garantendo così nuove opportunità di lavoro per i minatori e una maggiore resilienza economica per la regione. Per rispondere adeguatamente alle sfide poste dalla crisi climatica e dalla degradazione ambientale, è fondamentale che le soluzioni non si limitino a ridurre le emissioni di gas serra e a promuovere la sostenibilità, ma siano anche socialmente giuste e tengano conto delle disuguaglianze preesistenti. Questo significa che la giustizia sociale deve essere integrata in ogni fase della pianificazione e dell'implementazione delle politiche climatiche, al fine di costruire una società che sia ecologicamente sostenibile sia equa per tutti i suoi membri.

La transizione verso un'economia verde implica inevitabilmente dei costi, in particolare per i settori e le comunità che dipendono dai combustibili fossili o da pratiche non sostenibili. Tuttavia, per costruire una società davvero resiliente e sostenibile, è imperativo assicurarsi che tali costi siano equamente distribuiti e che siano disponibili meccanismi di supporto per coloro che ne saranno maggiormente colpiti. Un esempio emblematico di questo approccio è rappresentato dalle politiche di riqualificazione dei lavoratori, come il programma tedesco di riqualificazione 'Coal Regions in Transition', che ha fornito percorsi formativi e supporto ai lavoratori del settore del carbone, permettendo loro di acquisire competenze per trovare nuove opportunità occupazionali nei settori emergenti e più sostenibili. In diversi paesi, la transizione verso le energie rinnovabili è stata accompagnata da programmi di riqualificazione e da incentivi per favorire la creazione di nuovi posti di lavoro in comparti come l'energia solare e quella eolica. Questo tipo di interventi non solo garantisce un sostegno immediato ai lavoratori, ma crea anche le condizioni per una transizione economica di lungo periodo che sia all'altezza delle sfide ambientali globali.

Una transizione giusta richiede anche il coinvolgimento attivo delle comunità locali nelle decisioni che riguardano il loro futuro. Il coinvolgimento delle comunità è cruciale per assicurare che le soluzioni adottate siano adeguate alle peculiarità territoriali e rispondano ai bisogni reali delle persone che vi abitano. Le politiche di transizione devono essere sviluppate con un approccio dal basso verso l'alto, che riconosca e valorizzi le conoscenze locali e le esperienze dirette delle comunità. Un esempio di questo approccio è il progetto di agricoltura urbana a Detroit, negli Stati Uniti, dove i residenti hanno trasformato terreni abbandonati in orti comunitari, migliorando la sicurezza alimentare e rafforzando la coesione sociale. Un esempio concreto è rappresentato dal movimento delle cooperative energetiche, in cui i cittadini partecipano attivamente alla produzione e alla gestione dell'energia. Questo modello di partecipazione diretta dimostra come l'inclusività e la partecipazione comunitaria possano contribuire alla costruzione di una transizione giusta. In molte realtà locali, le cooperative energetiche non solo forniscono energia pulita a prezzi accessibili, ma contribuiscono anche alla creazione di legami sociali più forti e a un maggiore senso di appartenenza alla comunità.

Un altro aspetto cruciale della transizione giusta è la necessità di affrontare le disuguaglianze esistenti, che includono disuguaglianze economiche, sociali e geografiche. La crisi climatica colpisce in maniera sproporzionata le comunità più povere e vulnerabili, sia nei paesi sviluppati che in quelli in via di sviluppo. È quindi fondamentale che le politiche climatiche e ambientali siano accompagnate da misure di giustizia sociale volte a ridurre queste disuguaglianze. Ad esempio, le politiche di sussidio per le energie rinnovabili devono essere strutturate in modo da garantire che anche le famiglie a basso reddito possano beneficiare delle nuove tecnologie e ridurre la loro dipendenza dalle fonti energetiche inquinanti e costose. Un esempio è il programma di incentivi in California, che offre sussidi per l'installazione di pannelli solari nelle abitazioni a basso reddito, permettendo a queste famiglie di accedere a energia pulita a costi ridotti. In questo senso, l'accesso alle risorse e alle opportunità deve essere equamente distribuito, affinché nessuna comunità rimanga esclusa dai benefici della transizione energetica. Le politiche di giustizia climatica devono mirare a garantire che i più vulnerabili non siano lasciati indietro e che i benefici della transizione siano condivisi equamente. Ciò include anche la promozione di programmi di sostegno per le piccole imprese, affinché possano adattarsi alle nuove normative ambientali senza subire danni economici insostenibili.

La transizione giusta richiede anche una profonda riforma del sistema economico e fiscale. È necessario introdurre meccanismi di tassazione che penalizzino le attività ad alto impatto ambientale e incentivino quelle sostenibili, come ad esempio la carbon tax implementata in Svezia, che ha dimostrato di ridurre significativamente le emissioni di CO2. Allo stesso tempo, tali misure devono essere affiancate da politiche di redistribuzione del reddito, come i sussidi per l'efficienza energetica destinati alle famiglie a basso reddito, per evitare di penalizzare ulteriormente le famiglie meno abbienti e le piccole imprese. Un esempio di questo approccio è rappresentato dalle cosiddette "carbon dividends", ovvero la redistribuzione alla popolazione dei proventi derivanti dalla tassazione sulle emissioni di carbonio, per garantire che i costi della transizione non gravino in maniera sproporzionata sui cittadini più vulnerabili. Questa forma di redistribuzione può contribuire a mitigare l'impatto economico della transizione, favorendo una maggiore accettazione sociale delle politiche climatiche. I carbon dividends rappresentano un modo per rendere tangibile il beneficio economico di politiche ambientali, trasformando il costo ambientale in un vantaggio diretto per i cittadini e contribuendo a un cambiamento culturale necessario verso una maggiore responsabilità collettiva.

Inoltre, la transizione giusta deve necessariamente essere una transizione globale. La responsabilità storica dei paesi sviluppati, che hanno contribuito in misura maggiore all'accumulo di gas serra nell'atmosfera, implica che essi debbano assumersi una parte più consistente dei costi della transizione e supportare i paesi in via di sviluppo nel loro percorso verso la sostenibilità. Ciò può essere realizzato attraverso il trasferimento di tecnologie pulite, il finanziamento di progetti di adattamento e mitigazione, e la cancellazione del debito dei paesi più poveri, consentendo a questi ultimi di concentrare le loro risorse sulle sfide della sostenibilità e della giustizia sociale. È imperativo che la transizione non esacerbi le disuguaglianze globali, ma piuttosto contribuisca a ridurle, attraverso un impegno condiviso e solidale. Ad esempio, iniziative come il Green Climate Fund, istituito per aiutare i paesi in via di sviluppo a finanziare progetti di mitigazione e adattamento, sono fondamentali per garantire che la transizione verso un'economia verde sia inclusiva e sostenibile a livello globale. Tuttavia, tali iniziative devono essere rafforzate e garantite con impegni finanziari concreti, affinché possano avere un impatto reale.

In sintesi, la transizione verso un'economia sostenibile deve essere equa e inclusiva, coinvolgendo tutte le parti della società e garantendo che nessuno venga lasciato indietro. La giustizia sociale e quella ambientale devono procedere di pari passo, poiché solo attraverso una transizione giusta sarà possibile costruire una società capace di affrontare con successo le sfide future, garantendo al contempo il benessere delle persone e la salvaguardia del pianeta. La sfida della transizione giusta non riguarda solo la riduzione delle emissioni di carbonio, ma anche la creazione di un futuro migliore per tutti, in cui i benefici della sostenibilità siano condivisi equamente e in cui ogni individuo possa partecipare attivamente alla costruzione di un mondo più giusto e sostenibile. La sfida è grande, ma è anche un'opportunità senza precedenti per ridefinire i valori fondamentali delle nostre società e per garantire un futuro prospero e sostenibile a tutte le generazioni a venire. Perché ciò avvenga, è necessario un impegno collettivo e coordinato che coinvolga governi, istituzioni, aziende e cittadini. Le politiche pubbliche devono essere sostenute da un'efficace implementazione e monitoraggio, mentre le aziende devono adottare modelli di business orientati alla sostenibilità e alla responsabilità sociale. Inoltre, l'educazione gioca un ruolo cruciale nella promozione di una cultura della sostenibilità: è fondamentale formare le nuove generazioni affinché sviluppino una coscienza ecologica e siano pronte a contribuire attivamente alla transizione.

Le università e gli istituti di ricerca devono fungere da centri di innovazione, sviluppando soluzioni tecnologiche all'avanguardia che possano accelerare il passaggio verso un'economia verde. L'innovazione tecnologica, tuttavia, deve essere accompagnata da innovazioni sociali, che promuovano nuovi modelli di comportamento e stili di vita sostenibili. La collaborazione tra settori, con la partecipazione di organizzazioni non governative, associazioni civiche e comunità locali, è essenziale per garantire che la transizione sia guidata non solo da logiche economiche, ma anche da una visione di giustizia sociale e ambientale. Inoltre, l'implementazione di pratiche di innovazione sociale può aiutare a sviluppare soluzioni che siano effettivamente applicabili e accettabili per le comunità locali, evitando di imporre soluzioni top-down che potrebbero risultare inadeguate o non sostenibili nel contesto specifico.

Per raggiungere questi obiettivi, è necessario anche che i cittadini siano informati e coinvolti nei processi decisionali. La trasparenza e la partecipazione sono pilastri fondamentali di una transizione giusta: le politiche devono essere sviluppate in maniera inclusiva, con un coinvolgimento significativo di tutte le parti interessate, dalle comunità locali agli attori economici. I processi decisionali devono essere aperti e accessibili, garantendo che le voci di tutti i gruppi sociali siano ascoltate e prese in considerazione. Questo richiede l'adozione di strumenti di partecipazione democratica, come le consultazioni pubbliche e i forum deliberativi, che possano favorire il dialogo e la condivisione di conoscenze e prospettive.

Un'altra componente essenziale per garantire il successo della transizione giusta è il rafforzamento del ruolo della società civile. Le organizzazioni non governative e i movimenti sociali possono fungere da catalizzatori per il cambiamento, sensibilizzando l'opinione pubblica, facendo pressione sui governi e supportando le comunità nella realizzazione di progetti sostenibili. La collaborazione tra la società civile, le istituzioni e il settore privato è fondamentale per sviluppare soluzioni integrate che possano rispondere in modo efficace e coordinato alle sfide della sostenibilità.

Inoltre, è cruciale promuovere una visione a lungo termine che integri la sostenibilità ambientale, economica e sociale. Un esempio concreto di un piano strategico che adotta questo approccio è il Green New Deal, che combina obiettivi di riduzione delle emissioni con misure di giustizia sociale ed economica, come la creazione di posti di lavoro verdi, l'investimento in infrastrutture sostenibili, e programmi di formazione per i lavoratori dei settori in declino, mirando a creare un'economia più equa e sostenibile. La pianificazione strategica deve considerare non solo gli obiettivi immediati di riduzione delle emissioni, ma anche gli impatti a lungo termine sulle comunità, sul territorio e sulle generazioni future. Questo richiede l'adozione di indicatori di progresso che vadano oltre il PIL, includendo misure di benessere umano, qualità dell'ambiente e coesione sociale. Solo attraverso una visione olistica della sostenibilità sarà possibile costruire un futuro resiliente e inclusivo.

Infine, la transizione giusta non può prescindere da una dimensione culturale. È necessario promuovere un cambiamento culturale che valorizzi la sostenibilità come un principio fondamentale del vivere quotidiano. Ciò significa incoraggiare stili di vita più sobri, basati sulla riduzione dei consumi superflui e sul rispetto per le risorse naturali. Le campagne di sensibilizzazione e l'educazione ambientale possono svolgere un ruolo chiave in questo processo, aiutando le persone a comprendere l'importanza della sostenibilità e a fare scelte consapevoli. In questo contesto, l'arte, la cultura e i media possono contribuire a diffondere una nuova narrazione che celebri il rapporto armonioso tra l'uomo e l'ambiente.

In conclusione, la transizione verso un'economia sostenibile deve essere costruita su un principio di giustizia, che garantisca equità e inclusività per tutte le persone coinvolte. Questa transizione deve essere il frutto di uno sforzo collettivo, che unisca governi, aziende, comunità e cittadini in un percorso comune verso un futuro più giusto e sostenibile. Solo attraverso la partecipazione attiva, la collaborazione e una visione condivisa sarà possibile affrontare con successo le sfide ambientali e costruire una società capace di garantire benessere e dignità a tutte le generazioni.